101 COISAS QUE TODOS DEVERIAM SABER SOBRE O CATOLICISMO

Helen Keeler e Susan Grimbly

101 COISAS QUE TODOS DEVERIAM SABER SOBRE O CATOLICISMO

CRENÇAS, PRÁTICAS, COSTUMES E TRADIÇÕES

Tradução:
HENRIQUE AMAT RÊGO MONTEIRO

EDITORA PENSAMENTO
São Paulo

Título original: *101 Things Everyone Should Know About Catholicism.*

Copyright © 2005 F & W Publications, Inc.

Publicado mediante acordo com Adams Media, uma divisão da F & W Publications Company, 57 Littlefield Street, Avon, MA 02322, USA.

Todos os direitos reservados. Nenhuma parte deste livro pode ser reproduzida ou usada de qualquer forma ou por qualquer meio, eletrônico ou mecânico, inclusive fotocópias, gravações ou sistema de armazenamento em banco de dados, sem permissão por escrito, exceto nos casos de trechos curtos citados em resenhas críticas ou artigos de revistas.

A Editora Pensamento-Cultrix Ltda. não se responsabiliza por eventuais mudanças ocorridas nos endereços convencionais ou eletrônicos citados neste livro.

Dados Internacionais de Catalogação na Publicação (CIP)
(Câmara Brasileira do Livro, SP, Brasil)

Keeler, Helen
    101 coisas que todos deveriam saber sobre o catolicismo : crença, prática, costumes e tradições / Helen Keeler e Susan Grimbly ; tradução Henrique Amat Rêgo Monteiro. -- São Paulo : Pensamento, 2007.

    Título original: 101 things everyone should know about catholicism
    ISBN 978-85-315-1483-8

    1. Igreja Católica - Doutrinas 2. Igreja Católica - Cerimônias e práticas I. Grimbly, Susan. II. Título.

06-9574   CDD-282

Índices para catálogo sistemático:
1. Igreja Católica : Doutrinas : Cristianismo 282

O primeiro número à esquerda indica a edição, ou reedição, desta obra. A primeira dezena à direita indica o ano em que esta edição, ou reedição, foi publicada.

Edição   Ano
1-2-3-4-5-6-7-8-9-10-11   07-08-09-10-11-12-13

Direitos de tradução para a língua portuguesa
adquiridos com exclusividade pela
EDITORA PENSAMENTO-CULTRIX LTDA.
Rua Dr. Mário Vicente, 368 — 04270-000 — São Paulo, SP
Fone: 6166-9000 — Fax: 6166-9008
E-mail: pensamento@cultrix.com.br
http://www.pensamento-cultrix.com.br
que se reserva a propriedade literária desta tradução.

Sumário

Introdução.. 9
1. O que significa ser católico? 13
2. O catolicismo comparado a outras comunidades cristãs 14

PRIMEIRA PARTE: HISTÓRIA 17
3. A Anunciação e o nascimento de Jesus 19
4. Vida e ministério de Jesus 20
5. Os Apóstolos e os autores dos Evangelhos 22
6. Os Dez Mandamentos 24
7. As Beatitudes: a conquista da felicidade suprema 26
8. Em busca de uma explicação para a morte de Jesus 27
9. A Ressurreição e a Ascensão: o cumprimento das profecias do Velho Testamento 29
10. Pentecostes: o aniversário da Igreja Católica 30
11. A liderança nos primeiros dias da Igreja 32
12. O cristianismo propaga-se até Roma 34
13. Cresce a influência do papado 36
14. Monasticismo 38
15. A separação das igrejas Católica Romana e Ortodoxa Oriental 40
16. Antagonismo e reforma na Igreja depois do Cisma Oriente-Ocidente. 41
17. As ordens mendicantes 43

18. Tempos turbulentos: as Cruzadas e a Inquisição 44
19. Problemas políticos dão origem ao Grande Cisma Papal 47
20. A corrupção da hierarquia da Igreja no século XVI 48
21. Martinho Lutero e a Reforma 50
22. A Renovação depois da Reforma 51
23. O catolicismo se espalha para o Novo Mundo 53
24. Concílio Vaticano I: tendências liberais criticadas 55
25. Revoluções no fim do século XIX e no século XX 57
26. Concílio Vaticano II: mudanças drásticas 58
27. Mudança de autoridade na Igreja 60

SEGUNDA PARTE: CRENÇAS ESSENCIAIS 63
28. O que é catecismo? 65
29. A natureza dual de Cristo: humana e divina 66
30. O mistério da Santíssima Trindade 68
31. Providência divina e livre-arbítrio 70
32. Deus Pai 71
33. Deus Filho 73
34. Deus Espírito Santo 75
35. Os nomes e os símbolos do Espírito 77
36. O desenvolvimento do direito canônico católico 78
37. Excomunhão: pecado grave contra as leis da Igreja 80
38. A estrutura hierárquica da Igreja 81
39. A função dos bispos 83
40. Os padres como mediadores entre Deus e as pessoas 85
41. A jornada da alma 87
42. A compreensão católica do julgamento 89
43. A natureza do Céu 90
44. O que são o purgatório e o limbo, e por que os católicos
    acreditam neles? 92
45. O Inferno como separação eterna de Deus 94
46. Esforçando-se para ser melhor — e ser perdoado pelas
    faltas cometidas. 95
47. A crença na salvação pela fé e pelas boas ações 97

TERCEIRA PARTE: OS SACRAMENTOS 99
48. Sacramentais: Deus revelado em todas as coisas 100
49. O significado do sacramento 103
50. A transubstanciação e a celebração da Eucaristia 104
51. Batismo: purificação espiritual e renascimento 106
52. Os elementos da cerimônia batismal 108
53. Confirmação: recebendo o Espírito Santo na íntegra 110
54. As Dádivas e os Frutos do Espírito Santo 111
55. Reconciliação: contrição, reparação e perdão 113
56. Recebendo a Primeira Comunhão e a Primeira Reconciliação 115
57. Unção dos Enfermos: fortalecendo os debilitados pela doença 118
58. Encontrando um sentido na doença e no sofrimento 119
59. Ordens Sacras: tornando-se um ministro do Evangelho e
    dos Sacramentos 121
60. Matrimônio: parceria vitalícia no amor de Deus 123
61. O que moldou a visão moderna da Igreja sobre o matrimônio? 124

QUARTA PARTE: INTERPRETAÇÃO DAS ESCRITURAS 129
62. A compilação da Bíblia 130
63. O Velho Testamento 132
64. O Novo Testamento 133
65. O ensinamento da Igreja sobre a infalibilidade 135
66. Como os católicos interpretam as Escrituras? 136
67. O contexto histórico e espiritual da Bíblia 137
68. Simbolismos e metáforas da Bíblia 139
69. Por que a Igreja uma vez desencorajou os leigos a ler a Bíblia —
    e como isso mudou 140

QUINTA PARTE: PRÁTICAS E COSTUMES 143
70. O culto religioso como uma família 145
71. Confiança na comunidade de fé 146
72. Esforçando-se para alcançar a maneira ideal de orar 147
73. Por que os católicos confiam nos santos? 149
74. A devoção a Maria através dos tempos 151
75. As devoções marianas nos tempos modernos 153
76. Por que os católicos não comem carne às sextas-feiras? 156

77. As Estações da Cruz: repassando as fases da Crucificação 157
78. Os objetos servem como lembretes.. 158
79. O Rosário e as Novenas 160
80. Os elementos da Missa Católica... 163
81. O Credo Niceno: professando a fé na humanidade *e* divindade de Jesus... 165
82. A evolução da liturgia 166
83. Liturgia da Palavra 168
84. Liturgia da Eucaristia 169
85. Liturgia das Horas 170
86. Objetos importantes usados durante a Missa................................ 171
87. Marcando o tempo no calendário católico.................................... 173
88. Advento e Natal: antecipando e comemorando a vinda de Cristo.. 175
89. Quaresma e Páscoa: preparação para a mais importante festa católica 176
90. Convertendo-se ao Catolicismo 177
91. Conversões famosas do passado e da época moderna.................. 180

SEXTA PARTE: PROBLEMAS CONTEMPORÂNEOS ENVOLVENDO OS CATÓLICOS 183

92. Desafios contemporâneos e disposição para mudar 185
93. O chamado para a vida religiosa.. 187
94. Reformando a estrutura da Igreja.. 189
95. A pressão pela democratização e o aumento da diversidade 191
96. A paróquia local: o coração da vida católica................................ 193
97. Apoio da educação católica e o aumento de faculdades e universidades católicas 194
98. A participação laica e a questão da ordenação de mulheres 197
99. A convocação a uma administração responsável 199
100. Promovendo os direitos humanos e os valores caridosos 200
101. O diálogo com outras religiões... 203

Cronologia dos principais acontecimentos 205

Introdução

É possível que existam atualmente mais de 2 bilhões de cristãos no mundo. Uma das entidades cristãs da maior importância, a Igreja Católica Romana conta com aproximadamente 1 bilhão de fiéis, em comparação a cerca de 800 milhões de protestantes de todas as denominações e 200 milhões de seguidores das Igrejas Ortodoxas Orientais. A influência do catolicismo romano estende-se a todos os continentes e à maioria dos países do mundo.

O bispo de Roma, mais comumente conhecido como o papa, é o comandante supremo da Igreja. A liderança do papa é absoluta, por meio da qual ele preside não só a Igreja Católica Romana, mas também o Vaticano — um país independente. Desse modo, pelo seu relacionamento com chefes de Estado e também com os líderes de outras tradições religiosas, o papa tem acesso a alguns dos principais responsáveis pelas decisões mais importantes do mundo. A proeminência do papa, assim como da Igreja que ele lidera, aumentou ao longo dos séculos. A história do desenvolvimento da Igreja Católica Romana tem proporções épicas. A sua história é inseparável da história da civilização ocidental desde o século I A.D. Na realidade, como logo você descobrirá nas páginas deste livro, o desenvolvimento do mundo ocidental dependeu de alguns dos grandes acontecimentos, personagens e pensadores da Igreja.

Na Igreja Católica, a primazia do bispo de Roma remonta aos primeiros dias em seguida à morte e Ressurreição de Jesus. A Igreja ensina que são Pedro foi o primeiro bispo de Roma. Assim sendo, a ligação entre os atos de

Deus, presentes na vida e nos ensinamentos de Jesus, permanece inalterada em toda a cadeia de líderes que se sucederam ao longo dos séculos desde são Pedro até a atualidade. Essa cadeia de comunicação da autêntica compreensão de quem foi Jesus — o Filho único gerado por Deus-Pai — e de qual foi a Sua mensagem, conforme transmitida pelos Credos dos Apóstolos e de Nicéia, é chamada de "sucessão apostólica".

No papel da autoridade capital da Igreja Católica Romana, o papa situa-se no ponto mais alto da hierarquia e da autoridade da Igreja. Mas assim mesmo não é o único personagem de autoridade na Igreja. No nível imediato abaixo dele vem o cardeal dos bispos, seguido pelos bispos das dioceses e depois os padres. Os bispos da Igreja reúnem-se de vez em quando em concílios, para tomar decisões sobre assuntos prementes. E, em casos raros, o papa faz pronunciamentos sobre questões de fé ou de moralidade que a Igreja Católica Romana considera como infalíveis e obrigatórios a todos seus integrantes.

A hierarquia da Igreja vem se estabelecendo ao longo dos séculos, mas esse corpo de governo está longe de se estagnar. A Igreja Católica Romana algumas vezes relutou em mudar nos séculos passados, mas desde a época do Concílio Vaticano II, em meados do século XX, a Igreja tem continuado a avançar como uma entidade em desenvolvimento dinâmico, esforçando-se para se adequar à época contemporânea. Considere-se o envolvimento laico, por exemplo. Embora os leigos concentrem-se na base da pirâmide hierárquica da Igreja, eles estão longe de ser menos importantes. Ainda que, tradicionalmente, o leigo tivesse menos influência sobre os interesses da Igreja, isso está mudando. A religião católica está profundamente enraizada na crença no poder da fé e nas boas ações e, realmente, a comunidade secular de hoje busca fortemente meios de ampliar a sua participação nessas duas áreas. Os católicos se envolvem cada vez mais na vida paroquiana, participando mais intensamente da Missa (a celebração católica da Eucaristia) e prestando auxílio à comunidade. E, embora do ponto de vista histórico o catolicismo romano seja uma instituição eminentemente patriarcal, até mesmo isso vem mudando gradualmente, à medida que também as mulheres assumem uma participação maior dentro da Igreja. (Atualmente, a questão da ordenação feminina é um assunto controvertido em discussão.)

O catolicismo romano é uma religião com práticas, costumes e tradições peculiares. Entre as suas facetas mais distintivas incluem-se os rituais chamados de sacramentos. Os sacramentos são definidos como sinais externos e visíveis de graça interior, que a Igreja disponibiliza para a salvação daqueles que os recebem. Existem sete ao todo, cada um deles assinalando um momento importante na vida do católico. A religião católica ensina que Jesus criou a Igreja para ser a mediadora entre Deus e os humanos, e os sacramentos são os meios pelos quais a graça de Deus permanece disponível à humanidade. Considerando que o catolicismo romano oferece esses rituais, a Igreja é altamente valorizada, tanto que durante séculos foi proclamado que "fora da Igreja, não há salvação".

A confiança que a Igreja Católica Romana incute nos seus fiéis é um dos seus pontos mais valorizados. Declarando resolutamente que ela existe como a incorporação da mensagem de Deus e como o meios de propiciar uma relação de salvação para os humanos com Deus, o catolicismo romano tem disseminado a sua mensagem por todo o mundo e atraído milhões de adeptos.

Neste livro, você vai obter uma compreensão básica dessa fecunda tradição religiosa, da sua história, dos seus ensinamentos e crenças essenciais, com visões dos textos sagrados e rituais primários. Também será rapidamente informado do papel da Igreja na sociedade contemporânea, à medida que a Igreja avança no novo milênio.

1
O QUE SIGNIFICA SER CATÓLICO?

Os católicos situam a origem das suas crenças nos três últimos anos da vida de Jesus e nos ensinamentos e práticas dos Doze Apóstolos. Nenhum estudo do catolicismo estaria completo sem uma interpretação da palavra *católico*. A palavra em si vem do grego *katholikós*, que significa "geral" ou "universal", e que apareceu nos textos gregos antes do surgimento do cristianismo.

Escrevendo no ano 110 A.D., santo Inácio de Antioquia foi um dos primeiros a usar a expressão *katholike ekklesia* (literalmente, "igreja católica"), mas a força por trás do significado dessa expressão deriva de são Cirilo de Jerusalém, no ano 386 A.D.: "A Igreja é chamada católica porque se estende pelo mundo todo e porque ensina universalmente e sem omissão todas as doutrinas que devem chegar ao conhecimento humano".

Está claro no Novo Testamento, especialmente em Mateus 24:14, que Cristo pretendia que os Seus Ensinamentos se estendessem além da Palestina judaica para todas as nações. No final do século primeiro A.D., pelo menos cem comunidades de "cristãos" foram estabelecidas na região do Mediterrâneo e ao redor dela.

Desde essa época, os Ensinamentos disseminaram-se para muito além dali, a cerca de quase 1 bilhão de pessoas, atravessando as fronteiras de países e ultrapassando os limites culturais. Mais do que isso, essas diversas culturas adaptaram os rituais católicos e criaram variações que a Igreja aceita plenamente em algumas instâncias e, em outras, reluta em aceitar.

A tradição é fundamental para a compreensão do catolicismo. De acordo com o pensamento católico, a Bíblia é considerada um produto das tradições, reunida a partir de numerosas fontes e ao longo de um extenso período de tempo.

Os católicos formam diversas comunidades de variados grupos étnicos e nacionais que compartilham um sentimento comum de fazerem parte da instituição formal da Igreja Católica. O Concílio Vaticano II definiu a Igreja como "um tipo de sacramento ou sinal da união íntima com Deus e da unidade de toda a humanidade". Ao participar da Igreja, cada seguidor obedece a uma instituição que compreende o Corpo de Cristo sobre a Terra.

A congregação local, conduzida por um padre, é a unidade básica da comunidade católica. Cada congregação é parte integrante de uma diocese (o território sob a jurisdição de um bispo) e todas as dioceses do mundo respondem à Cúria em Roma. Somadas, essas unidades constituem uma entidade viva, que pratica as mesmas orações e os mesmos cultos, formando uma imensa comunidade de almas.

Uma mesma compreensão e uma crença específica em Deus constituem o âmago do aspecto religioso do catolicismo. Os católicos aprendem a viver com base na devoção a Deus, e o catolicismo oferece um estilo de vida que se baseia em doutrinas especiais, na fé, na teologia e em um firme sentimento de responsabilidade moral. Esses elementos, baseados nas Escrituras ou "revelações divinas", evoluíram posteriormente por meio da tradição. Outras religiões podem conter alguns ou muitos desses elementos, mas essas específicas orientações litúrgicas, éticas e espirituais conferem ao catolicismo o seu caráter distintivo.

Em termos práticos, ser católico também significa compartilhar de um sentimento de comunidade e responsabilidade mútua, que é reforçado por milhares de organizações filantrópicas patrocinadas pela Igreja ao redor do mundo. Servir aos outros é elementar para o catolicismo. Pelo amor ao Senhor, espera-se que a Igreja sirva à humanidade com compaixão, seja pelas suas instituições filantrópicas, seja pelo trabalho de cada um dos católicos.

O Catolicismo comparado a outras comunidades cristãs

Os cristãos têm muitas maneiras de praticar a sua religião — por meio da Igreja Católica, da Igreja Ortodoxa Oriental e das diversas denominações protestantes, entre as quais incluem-se os batistas, os luteranos, os metodistas e os presbiterianos. Todos os cristãos compartilham a crença e a aceitação de Jesus Cristo, mas também diferem em muitas maneiras importantes.

No Grande Cisma de 1054, a Igreja passou pela sua primeira divisão, que resultou nas Igrejas Oriental e Ocidental. (Para mais informações sobre o Grande Cisma, veja o Número 15.) Então, muito mais tarde, nos séculos XVI e XVII, os movimentos protestantes dividiram a Igreja Ocidental em Católica Romana e nas denominações protestantes.

O palavra *protestante* deriva de "protesto": as religiões protestantes separaram-se da Igreja Católica porque as pessoas comuns protestaram contra a instituição católica e contra algumas das suas condutas e práticas, especialmente contra o ponto de vista segundo o qual a Igreja seria necessária para a salvação.

De modo interessante, embora o chefe da Igreja Católica permanecesse em Roma por muitos séculos, o palavra *Romana* só foi acrescentada ao nome da Igreja Católica depois da Reforma. Os seguidores de Martinho Lutero, o grupo que produziu a primeira divisão importante da Igreja, também se consideravam católicos. Eles se referiam à Igreja como "Romana" para indicar a distinção entre eles próprios e os seguidores dos católicos "romanos" ou "papistas".

Em alguns aspectos, as igrejas protestantes são semelhantes à Igreja Católica. A maioria acredita na importância da Bíblia, na Ressurreição de Jesus Cristo, na Santíssima Trindade (Pai, Filho e Espírito Santo) e em outras doutrinas e práticas cristãs. Ao contrário da Igreja Católica, as igrejas protestantes reconhecem como sacramentos só o Batismo e a Eucaristia. (Nas religiões protestantes, outros eventos significativos, como o matrimônio e a ordenação de ministros, são considerados rituais e não sacramentos.)

A principal distinção entre catolicismo e protestantismo é que o catolicismo é uma religião de sacramentos (que considera o espírito encarnado no mundo secular), ao passo que o protestantismo é mais uma religião da Palavra imaterial de Deus. A sacramentalidade está enraizada na idéia de que tudo revela Deus. Com o passar do tempo, o protestantismo reteve apenas algumas partes desse conceito. Os protestantes não acreditam, como fazem os católicos, na importância especial de Maria. Também não acreditam na transubstanciação (que a Eucaristia é, em face da declaração por um padre, o Corpo e o Sangue de Cristo). Eles acreditam que os padres e ministros são meramente integrantes da classe laica, instruídos nas práticas de uma determinada religião, em vez de verdadeiros mediadores da graça de Deus. Finalmente, os protestantes consideram as estátuas e ícones religiosos mais como formas de idolatria do que como janelas para o mundo espiritual, como fazem os católicos.

Outra diferença importante reside na maneira como católicos e protestantes encaram a Bíblia. Os católicos acreditam que a Igreja — no papel da autêntica autoridade moral e teológica — deveria ser o guia deles na interpretação da Bíblia. Os protestantes contestam essa visão. Muitas comunidades protestantes admitem a interpretação pessoal da Bíblia, uma vez que praticam um relacionamento pessoal (não mediado) entre cada pessoa e Deus.

Na ideologia católica, o papa, no papel de chefe da hierarquia da Igreja, é infalível nas questões de fé e de moralidade, porque é o representante de Cristo na Terra. Essa crença é conhecida como a Primazia de Pedro ou sucessão apostólica, porque o papa dá continuidade a uma linha de sucessão que remonta a são Pedro, o primeiro bispo no começo da Igreja, que foi indicado diretamente por Jesus. No entanto, muitos protestantes negam que o papa seja infalível em tais questões e rejeitam a doutrina da sucessão apostólica.

Também há uma diferença no culto religioso entre protestantes e católicos. Até recentemente, os católicos celebravam a Missa com uma cerimônia altamente formal e estruturada, conduzida em latim. (Hoje, a maioria das igrejas católicas em muitos países fez uma mudança para praticar as cerimônias na língua vernácula — o idioma do povo.) O culto religioso dos protestantes é mais simples: os fiéis rezam na própria língua nativa e fazem mais orações. Em algumas denominações, a cerimônia religiosa é completamente desestruturada, permitindo um grau muito maior de participação da congregação.

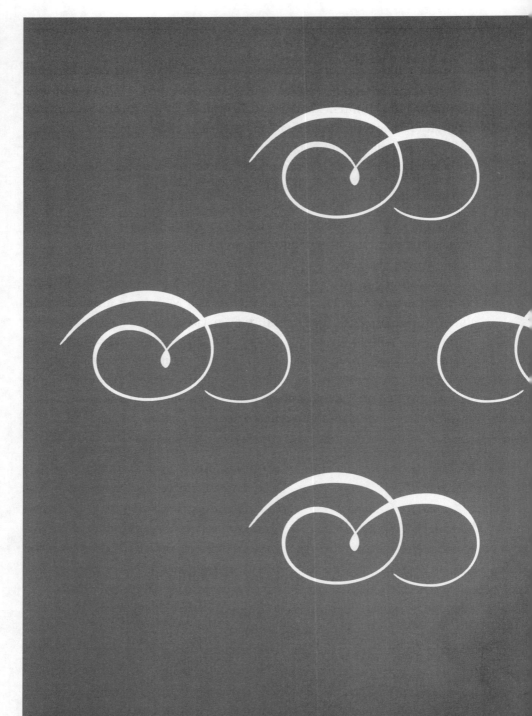

Primeira Parte
HISTÓRIA

Compreender o catolicismo significa não só entender o sistema de crenças católico, mas também analisar o lugar da Igreja na história mundial e na sociedade ocidental moderna. Durante quase dois milênios, a Igreja influiu profundamente no mundo. Nos seus primeiros anos, coexistiam muitas interpretações do cristianismo. Ao longo de um período de três ou quatro séculos, porém, a versão católica predominou.

As origens da Igreja remontam a Jesus e depois ao ministério dos Apóstolos. Desde aquela época, nos primeiros séculos depois da morte de Cristo, os primeiros "papas" transmitiram as tradições antigas e desenvolveram a estrutura organizacional, as doutrinas, os dogmas e as devoções que se tornaram partes integrantes da religião.

Durante séculos, a Igreja como instituição tornou-se uma força dominante. Os papas e os demais clérigos influenciaram as nações e os políticos, e os políticos, por sua vez, exerceram influência sobre a Igreja. Embora tenham sido feitos muitos avanços no desenvolvimento da religião, a Igreja às vezes também abusou dos seus poderes e do seu domínio.

Nos últimos séculos, a Igreja Católica tem se confrontado com as mudanças sociais de longo alcance forjadas pelo iluminismo, a revolução industrial, o surgimento da democracia e a tendência ao individualismo —

avanços que às vezes correm, por bem ou por mal, contra a ideologia católica. Durante os últimos quarenta anos (desde o Concílio Vaticano II, 1962-1965), a Igreja, a seu crédito, tem se analisado com franqueza, desculpado-se por transgressões do passado e trabalhado para se ajustar às preocupações dos tempos modernos.

A Anunciação e o nascimento de Jesus

A história da Igreja Católica e a origem do seu sistema de crenças começa efetivamente com Jesus Cristo e a Sua vida humana. A doutrina católica ensina que Jesus teve uma natureza dual: era humano e divino. Jesus, o Filho de Deus, foi feito homem como uma expressão perfeita do amor de Deus.

Quando se trata de documentar a vida de Jesus como ser humano na história, os pesquisadores católicos e os leigos dependem da fonte de referência escrita mais importante, a Bíblia, além de livros de antigos historiadores romanos que também mencionam a Sua existência. A mais importante dessas fontes é *As Antiguidades Judaicas*, uma obra histórica escrita por Flávio Josefo, um dos mais antigos historiadores do mundo.

Flávio Josefo nasceu em Jerusalém, em 37 A.D., em uma família de sacerdotes judeus. Embora tenha se envolvido na Primeira Revolta contra Roma, posteriormente mudou de lado e transferiu-se para Roma, onde redigiu os seus relatos históricos sob o patrocínio do imperador romano. *As Antiguidades Judaicas* constitui uma coleção de vinte livros que discutem a história do povo judeu. Embora o texto original não exista mais, as mais antigas versões existentes do manuscrito incluem a seguinte referência:

> Foi naquele tempo que apareceu Jesus, homem sábio, se é que, falando dele, podemos usar o termo homem, pois ele fez obras maravilhosas — e, para os que aceitam a verdade com prazer, foi um mestre. Atraiu para si muitos judeus, e também muitos gentios. Foi ele [o] Cristo.

De acordo com a Bíblia, Jesus Cristo nasceu da filha de Ana e Joaquim, Maria, que foi escolhida por Deus para conceber o Seu Filho. Uma menção rara e importante a Maria no Novo Testamento refere-se à visita que lhe fez o Anjo Gabriel. Ele apareceu a ela e anunciou: "Eis que conceberás e darás à luz um filho" (Lucas 1:31; Lucas 1:26-38 conta a história da Anunciação).

Na época, Maria era noiva do carpinteiro José, e o estigma social de conceber uma criança fora do matrimônio era enorme. Com efeito, José pretendeu separar-se dela discretamente. Mas um anjo também apareceu a José para explicar que ele seria o chefe de uma casa na qual Maria conceberia o próximo Messias. E assim José também aceitou o seu papel, como o pai terreno de Jesus.

Embora Maria e José morassem em Nazaré, e Jesus seja quase sempre conhecido como Jesus de Nazaré, Ele na verdade nasceu em Belém. De acordo com o Evangelho de Lucas, Maria e José precisaram viajar para Belém em razão do censo. A cidade estava repleta de gente e o único local onde o casal conseguiu encontrar um lugar para dormir foi em uma manjedoura. Foi ali que Jesus nasceu e também onde foi visitado pelos três homens sábios, os Magos (conforme representado nos presépios familiares de Natal na época das festas de fim de ano).

Quando Herodes soube pelos Magos que o rei dos judeus havia nascido, mandou soldados para matar todos os meninos judeus de até dois anos de idade. Para salvar o filho, José e Maria fugiram para o Egito. Só depois da morte de Herodes foi que a família voltou para casa, em Nazaré.

4

VIDA E MINISTÉRIO DE JESUS

Ao estudar as origens do catolicismo, é importante lembrar que Jesus de Nazaré era judeu. Ele nasceu em uma família judia e cresceu na tradição judaica; por conseguinte, a herança e as crenças judaicas tiveram um papel essencial nos ensinamentos e no ministério de Jesus.

Pouco é mencionado no Novo Testamento sobre os primeiros anos da infância de Jesus, até ele chegar aos 12 anos de idade. Nesse momento, os pais O encontraram no templo conversando com os anciãos, demonstrando que, mesmo com pouca idade, Jesus era uma pessoa de forte convicção e um orador eloqüente, entusiasmado.

De acordo com a Bíblia, o ministério formal de Jesus começou com João Batista (primo dele, filho de Isabel e Zacarias). Também conhecido como o Precursor, João batizou Jesus no rio Jordão. O batismo de Jesus foi um feito altamente simbólico, no qual a mensagem do Seu amor se expressou no ato trino de arrependimento, perdão e purificação dos pecados.

Imediatamente depois do batismo, Jesus retirou-se para o deserto da Judéia para um jejum de quarenta dias. Ali, de acordo com o Evangelho de Marcos e o Evangelho de Lucas, o Satanás sujeitou-o a três investidas, ou tentações:

1. Que, para aliviar a fome, ele transformasse as pedras em pão;
2. Que ele se lançasse de um pináculo para ver se os anjos o sustentariam;
3. Que, em troca de adoração, ele teria o domínio sobre todos os reinos da Terra.

O tempo que Jesus passou no deserto é considerado uma preparação para o ministério. Durante o ministério, Jesus viajou por três anos por toda a Galiléia. Uma província pequena da antiga Palestina, a Galiléia fazia parte do Império Romano. De acordo com os Evangelhos, Jesus rezou também em Jerusalém e nos seus arredores.

Quase imediatamente, a pregação de Jesus alarmou as autoridades locais — primeiro os fariseus (que praticavam uma aderência rígida às leis religiosas judaicas) e depois os romanos. Quando algumas pessoas começaram a proclamar Jesus como o rei dos judeus, os líderes religiosos judeus e o governo romano passaram a considerá-lo uma ameaça.

∞ 5 ∞
Os Apóstolos e os autores dos Evangelhos

Jesus teve muitos discípulos e seguidores devotados durante a vida. Dentre eles, escolheu doze homens para viajar em Sua companhia. Depois da morte de Jesus, esses discípulos vieram a ser conhecidos como os Apóstolos, da palavra grega *apostolos*, "enviados". Jesus instruiu-os para que um dia saíssem pelo mundo divulgando a Sua mensagem. Os Doze Apóstolos eram:

— Pedro e o irmão dele, André
— Tiago Maior e João, também irmãos. (Este João não deve ser confundido com João Batista, que teve um papel separado como o Precursor — o que anunciou o advento do Filho de Deus.)
— Felipe, Bartolomeu, Mateus, Tomás, Tiago (filho de Alfeu), Tadeu (filho de Tiago) e Simão
— Judas Iscariotes, que trairia Jesus por trinta moedas de prata

Posteriormente, Paulo se juntaria aos cristãos e chegaria a ser considerado pelos onze Apóstolos originais como um dos seus pares. Assim, Paulo tornou-se um espécie de apóstolo "honorário", por causa da importância e da influência dos seus ensinamentos e orações, especialmente entre os gentios.

Era um privilégio especial os discípulos desfrutarem da proximidade de Jesus e receberem a instrução e a Sua sabedoria. Como testemunhas da vida de Jesus na Terra e aprendizes dos Seus ensinamentos, os discípulos que se tornaram os Apóstolos também foram os fundadores da Igreja e as fontes dos Evangelhos (inicialmente transmitidos oralmente e por fim registrados por escrito). Os Evangelhos, as cartas apostólicas e outros textos foram depois compilados como o Novo Testamento.

Jesus escolheu Pedro, um pescador casado que morava na Galiléia, para ser o líder dos discípulos e, por fim, da nova Igreja. O nome de Pedro era originalmente Simão; depois, Jesus passou a chamá-lo Cefas ("pedra", em Aramaico). Posteriormente, esse nome mudou para o grego como Pedro (em grego, *petros* quer dizer "pedra"). O novo nome denotava a função central de Pedro no círculo próximo de Jesus: "Pois também eu te digo que tu és Pedro, e sobre esta pedra edificarei a minha igreja" (Mateus 16:18). A escolha por Jesus de um pescador e o nome que atribuiu a ele eram ambos simbólicos. Jesus escolheu Pedro para ser um pescador de homens, o primeiro na linha apostólica daqueles que o seguiriam.

Dois dos Evangelhos do Novo Testamento foram atribuídos aos Apóstolos Mateus e João. (Os outros dois foram atribuídos a Marcos e Lucas.) A palavra *evangelho* significa "boas notícias" e os quatro Evangelhos do Novo Testamento apresentam as notícias da vida e dos ensinamentos de Jesus Cristo. Cada Evangelho continha uma mensagem diferente e se concentrava em aspectos diferentes da interpretação da vida, dos ensinamentos e do significado de Jesus.

Embora não tenha sido um dos Apóstolos originais, Marcos provavelmente foi um discípulo de Jesus. O Evangelho de Marcos concentra-se no sofrimento de Jesus, com que os cristãos perseguidos podiam se identificar. Muito provavelmente escrito em Roma, por volta de 65-70 A.D., o Evangelho de Marcos é considerado o mais claro e o mais curto dos quatro Evangelhos, contendo mais histórias de milagres e menos ensinamentos do que os outros. Marcos também diz aos leitores sobre como moldar a própria vida pelo exemplo de Jesus, especialmente pelo Seu amor abnegado, o que ele pretende que seja um cristão e que é nisso que repousa a esperança.

Mateus, um coletor de impostos antes de deixar esse trabalho pela orientação de Jesus, provavelmente escreveu o seu Evangelho em hebraico. (Acredita-se que um judeu grego erudito traduziu-o depois para o grego.) O Evangelho de Mateus explica como Jesus, no papel do Messias, cumpre as profecias judaicas. E também enfatiza a união dos cristãos em torno da fé, em uma comunidade de amor.

Companheiro de são Paulo, Lucas era um médico de Antioquia (alguns dizem da Grécia) que na realidade nunca se encontrou pessoalmente com Jesus. É provável que tenha escrito o terceiro Evangelho na Grécia, por volta do ano 85 A.D. O Evangelho de Lucas dirigia-se aos cristãos que tinham sido pagãos. O trabalho dele é marcado pela preocupação por aqueles que mais precisavam de súplicas e que quase sempre eram desconsiderados: as mulheres, os pobres e assim por diante. Observa que Jesus, no papel do Salvador, não faz discriminação com base em raça, classe ou sexo. É Lucas que apresenta o relato da Natividade, enfatizando como foi humilde o nascimento de Jesus.

João foi um dos Doze Apóstolos de Jesus. Nascido na Galiléia, era irmão de Tiago Maior, outro Apóstolo. João era um pescador até que Jesus o chamou. Um dos três Apóstolos mais próximos de Jesus (os outros eram Tiago Maior e Pedro), João foi, juntamente com Pedro, o primeiro Apóstolo a chegar ao sepulcro de Jesus depois da Ressurreição. João foi o único Apóstolo presente à Crucificação e foi ali que Jesus deixou a mãe, Maria, aos seus cuidados. O Evangelho de João, escrito em cerca de 90 A.D. (alguns afirmam em cerca de 110 A.D.), formula a difícil noção de Jesus como um ser divino, embora também enfatize a humanidade de Jesus. O autor do Evangelho de João quase certamente não era um discípulo de Jesus. Muito provavelmente, era um seguidor ou conhecido de João. O Evangelho de João tem um enfoque mais filosófico e teológico do que os outros Evangelhos. É um Evangelho que provavelmente foi escrito depois de um período de longa reflexão, ao contrário dos outros Evangelhos, que servem mais como uma documentação dos acontecimentos.

Os Dez Mandamentos

Os Dez Mandamentos também são conhecidas como o Decálogo. Tirados da Bíblia judaica, têm grande significação para a Igreja Católica. Os primeiros três mandamentos são aqueles dados por Deus para a Sua adequada adoração. Os sete seguintes atestam o comportamento em relação ao próximo. As obrigações básicas em relação à religião e à moralidade são as seguintes:

1. Eu sou o Senhor teu Deus. Não terás outros deuses diante de mim.
2. Não tomarás o nome do Senhor teu Deus em vão. [São proibidos juramentos, perjúrio e blasfêmia.]
3. Lembra-te do dia do sábado, para o santificar. [A Igreja interpreta este mandamento com o significado de que é esperada freqüência à Missa no domingo, e que nesse dia um bom católico não deveria voltar a mente para outras distrações, como o trabalho. O sábado é um dia de adoração.]
4. Honra a teu pai e a tua mãe.
5. Não matarás.
6. Não adulterarás.
7. Não furtarás.
8. Não dirás falso testemunho contra o teu próximo.
9. Não cobiçarás a mulher do teu próximo.
10. Não cobiçarás a casa do teu próximo.

A Igreja Católica ensina que a humanidade pecadora precisava da revelação desses mandamentos para ajudá-la a viver uma vida moral e, por meio da observância adequada, alcançar o estado de graça. O Catecismo da Igreja Católica declara que os mandamentos "expressam os deveres fundamentais dos homens".

Quando, para testá-lo, os fariseus questionaram Jesus com relação a qual seria o maior mandamento na Lei de Deus, Jesus respondeu:

> Amarás ao Senhor teu Deus de todo o teu coração, de toda a tua alma, e de todo o teu entendimento. Este é o grande e primeiro mandamento. E o segundo, semelhante a este, é: Amarás ao teu próximo como a ti mesmo. Destes dois mandamentos dependem toda a lei e os profetas (Mateus 22:36-40).

Desse modo, Jesus resumiu o espírito de todos os Mandamentos.

7

AS BEATITUDES: A CONQUISTA DA FELICIDADE SUPREMA

Embora as pessoas no poder se sentissem ameaçadas pela obra e pelos ensinamentos de Jesus, é importante notar que Ele não pregava uma nova religião. Ele trazia ao povo uma mensagem que veio a ser considerada como a Palavra de Deus e ensinou que todas as pessoas poderiam receber a salvação. Sendo um judeu que se dirigia a outros judeus, Ele lembrava às pessoas que seguir a letra da lei (a observância literal das leis, cerimônias e práticas religiosas) não era tão importante como seguir o espírito da lei (o significado verdadeiro, espiritual, e a intenção por trás das leis) e viver uma boa vida na Terra.

Jesus transmitia a Sua mensagem de amor com clareza e simplicidade. Ele ensinava o amor infinito de Deus pelos fracos e oprimidos, e também que cada pessoa deveria se esforçar para seguir a vontade de Deus.

Durante o Sermão da Montanha, Jesus dirigiu-se ao Seu maior público nas colinas da Galiléia, onde distribuiu entre os Seus seguidores uma série de bênçãos, conhecidas como as Beatitudes ou Bem-aventuranças (Mateus 5:3-11):

Bem-aventurados os pobres de espírito, porque deles é o Reino dos Céus.
Bem-aventurados os que choram, porque eles serão consolados.
Bem-aventurados os mansos, porque eles herdarão a terra.
Bem-aventurados os que têm fome e sede de justiça, porque eles serão fartos.
Bem-aventurados os misericordiosos, porque eles alcançarão misericórdia.
Bem-aventurados os limpos de coração, porque eles verão a Deus.
Bem-aventurados os pacificadores, porque eles serão chamados filhos de Deus.
Bem-aventurados os que são perseguidos por causa da justiça, porque deles é o Reino dos Céus.
Bem-aventurados sois vós, quando vos injuriarem e perseguirem e, mentindo, disserem todo mal contra vós [falsamente] por minha causa.

A palavra *beatitude* na verdade significa "felicidade suprema". Nem sempre é fácil ser feliz nesta existência terrestre, imperfeita. (A conquista da verdadeira felicidade pode ser especialmente difícil nos tempos modernos, materialistas, quando a vida cotidiana é tão estressante.) Mas Jesus queria que os seus seguidores conquistassem a felicidade, assim deu-lhes as beatitudes como diretrizes.

As beatitudes representam a caridade de Jesus. Belas e paradoxais, são preceitos que se destinam a confortar os fiéis e inspirá-los a praticar essa mesma caridade. Vezes sem conta, Jesus Cristo enfatizou a compaixão em relação aos submissos, aos pobres, aos oprimidos, aos famintos e aos desprivilegiados. Jesus falou insistentemente sobre essas pessoas durante o Sermão da Montanha e por certo identificou-se com elas, porque eram oprimidas pelos poderosos ou corruptos. Os católicos, por sua vez, reconhecem que devem seguir o exemplo de Jesus e também ajudar os pobres e famintos, defender os direitos humanos, apoiar as ações pacíficas em favor da liberdade nos países em que não se permite que as pessoas tenham a devoção que desejam e enfatizar o direito de todas as pessoas de viver em paz e harmonia.

Em busca de uma explicação para a morte de Jesus

No âmago da fé católica encontra-se o mistério pascal da morte e Ressurreição de Cristo. Jesus precisou sofrer e morrer para que a humanidade pudesse ser salva.

A breve vida de Jesus — 33 anos ao todo — culminou em Jerusalém. Os últimos acontecimentos da Sua vida, da Última Ceia à crucificação, são conhecidos em conjunto como a Paixão.

A Paixão começa com a Última Ceia, uma refeição de Páscoa que Jesus teve com os discípulos. Os católicos e muitas denominações protestantes comemoram essa cerimônia importante, hoje conhecida como a Eucaristia. Tais cristãos acreditam que Jesus convidou os seus seguidores a comungar eternamente com ele, partilhando literalmente o Seu Corpo e o Seu Sangue por meio do pão e do vinho consagrados. A Eucaristia é o ponto central da Missa católica.

Após a Última Ceia, os discípulos deixaram Jesus no Jardim de Getsêmani, onde Ele orou. Ali, traído pelo Seu próprio discípulo, Judas, os soldados o encontraram e prenderam. Jesus foi julgado e levado ao Gólgota com dois criminosos, e os três foram crucificados.

De acordo com os ensinamentos da Igreja, a Crucificação é também conhecida como a Paixão: Jesus morreu na cruz para expiar os nossos pecados. Também é considerado um sacrifício: Deus sacrificou o próprio Filho por nós.

A causa terrestre da morte de Jesus é atribuída à inimizade de alguns judeus religiosos (que pensavam que Jesus estivesse agindo contra a lei e contra o templo) e aos governantes romanos da Palestina (que temiam uma insubordinação e uma rebelião entre os judeus e quiseram tornar a morte do suposto Rei dos Judeus um exemplo).

Os fariseus acusavam Jesus de possessão demoníaca, blasfêmia e falsa profecia — embora Jesus deixasse claro que não viera "destruir a lei ou os profetas... mas para cumpri-la... Qualquer, pois, que violar um destes mandamentos, por menor que seja, e assim ensinar aos homens, será chamado o menor no Reino dos Céus" (Mateus 5:16-19). Jesus também mostrou respeito pelo templo, a habitação do Seu Pai, um lugar santo. Enfureceu-se por ter sido transformado em um bazar de pechinchas, e expulsou os vendilhões. "A minha casa será chamada casa de oração; vós, porém, a fazeis covil de salteadores" (Mateus, 21:13).

Mas havia outra razão para que os acontecimentos se desenrolassem daquela maneira. A Igreja ensina que a morte de Jesus fazia parte do plano de Deus, havia muito tempo previsto na Bíblia, especialmente pelo profeta Isaías, que se referiu a Ele como o servo do sofrimento (Isaías 53:7-8). Jesus assumiu os pecados da humanidade e o sofrimento vinculado a eles. No papel do Cordeiro Pascal sacrificatório, ofereceu a própria vida ao Pai em troca dos nossos pecados, por puro amor a nós. A Sua morte foi o sacrifício da Nova Aliança, que ajudou a restabelecer a comunhão das pessoas com Deus.

Assim sendo, a Igreja não considera determinadas pessoas, grupos ou raças responsáveis pela morte de Cristo. A Igreja ensina que todos os pecadores são responsáveis pela morte de Cristo: "Precisamos considerar culpados todos aqueles que continuam reincidindo nos seus pecados. Considerando que os nossos pecados fizeram Nosso Senhor Jesus Cristo sofrer o tormento da cruz, os que se lançam a crimes e desordens crucificam o Filho de Deus novamente no próprio coração" (Catecismo Romano I, 5, 11).

9

A Ressurreição e a Ascensão: o cumprimento das profecias do Velho Testamento

Depois que Jesus morreu, a Sua mãe e outros seguidores puseram o corpo dele em um sepulcro escavado na rocha, fechado com uma grande pedra. Três dias depois da Sua morte, Maria Madalena — outra seguidora de Cristo — descobriu que o sepulcro achava-se vazio. Jesus tinha ressuscitado. De acordo com os Evangelhos, Maria encontrou-se com Jesus na estrada e, depois, Ele apareceu e comungou com os discípulos, e em seguida ascendeu ao Céu.

A ressurreição física de Jesus Cristo é um acontecimento decisivo no cristianismo, que é fundamental para a crença católica. Esse é o mais importante de todos os milagres de Jesus que os católicos comemoram na Páscoa. É um símbolo de renovação e nos transmite a mensagem de que, embora sejamos todos pecadores, podemos renascer em Cristo, o nosso Salvador.

A Ressurreição cumpriu as promessas do Velho Testamento e as feitas por Jesus durante a vida, confirmando a Sua divindade. Jesus disse: "Quando tiverdes levantado o Filho do Homem, então conhecereis que EU SOU" (João 8:28).

A Igreja sustenta que a Ressurreição é também importante por outra razão. Sofrendo e morrendo, Jesus redimiu os seres humanos do pecado. A Igreja ensina que, pela ascensão, Ele abriu o caminho para um nova vida. Essa nova vida legitimou os seres humanos. Deu-lhes a vitória sobre a morte, que é causada pelo pecado, e lhes permitiu ser cheios de graça.

Depois da Ressurreição, Jesus passou quarenta dias e quarenta noites com os Discípulos, vivendo com a aparência de um homem comum. Então, Ele ascendeu ao Céu, subindo de corpo e alma. Essa ocorrência é conhecida como a Ascensão e tem grande significado para os católicos. Reafirma que Jesus veio do Pai e voltou a Ele. Por meio de Cristo, a humanidade passou a ter acesso à casa do Pai, por se aproximar do Cristo e segui-lo. A Igreja ensina que Jesus encontra-se na presença de Deus em nosso benefício, exercitando o sacerdócio de interceder pelos Seus seguidores.

A Igreja sustenta que, por estar sentado do lado direito de Deus, e sendo uno com Deus, Jesus demonstra a Sua força e o Seu poder. Ele exercita o Seu domínio sobre o Reino de Deus, um "reino que não terá fim", "o reino de Cristo já está presente em mistério", "na terra, a semente e o começo do reino" (Credo Niceno). No entanto, a realização final virá quando Jesus retornar à Terra, e é por isso que os católicos rezam para a Segunda Vinda de Cristo. Enquanto isso, a humanidade precisa suportar as provas do mal físico e moral sob a orientação do Espírito.

∽ 10 ∽

Pentecostes: o aniversário da Igreja Católica

A Igreja Católica considera formalmente o seu começo no primeiro Pentecostes depois da crucificação de Jesus. Mas qual é, exatamente, o significado de "Pentecostes"?

Algumas semanas depois da Ascensão de Cristo, os discípulos tinham se recolhido em Jerusalém com Maria, a Mãe de Deus, para observar *Shavuot*, o Banquete das Semanas — o feriado judeu comemorado cinqüenta dias depois da Páscoa dos judeus, para celebrar a colheita de cereais na primavera. (Pentecostes, "o qüinquagésimo dia", é uma tradução grega da palavra hebraica *Shavuot*.)

Essa ocasião em particular provavelmente não foi de muita comemoração, porém. Os discípulos de Jesus estavam confusos e inseguros sobre o que fazer nas circunstâncias. Eles guardavam o luto pelo mestre e é provável que estivessem preocupados com a própria segurança. Ainda assim, é relatado que o que sentiram durante esse dia comemorativo os transformou:

> De repente veio do céu um ruído, como que de um vento impetuoso, e encheu toda a casa onde estavam sentados. E lhes apareceram umas línguas como que de fogo, que se distribuíam, e sobre cada um deles pousou uma. E todos ficaram cheios do Espírito Santo, e começaram a falar noutras línguas, conforme o Espírito lhes concedia que falassem. (Atos 2:2-4).

Os Discípulos foram tomados pelo Espírito Santo, que fortaleceu ainda mais a crença deles e lhes deu coragem e o dom das línguas. Isso deu aos Discípulos a capacidade de falar de forma que pessoas de outros idiomas pudessem compreender o que diziam. Eles saíram e começaram a pregar. Nesse momento, os discípulos tornaram-se Apóstolos.

Ensina-se que Pedro, tomado pelo Espírito Santo, pregou com tamanho contentamento que 3 mil pessoas se batizaram no mesmo dia. Esses convertidos eram judeus da Mesopotâmia, da Judéia, da Capadócia e de muitos outros lugares. Em viagem a Jerusalém para o feriado, eles voltaram para casa levando a mensagem de Pedro. O papel central de Pedro no círculo em expansão dos seguidores de Cristo definiu-se assim claramente, e a Igreja tornou-se pública.

Os Apóstolos continuaram a difundir a mensagem de Cristo na região do Mediterrâneo e nas terras vizinhas, atraindo pessoas de todas as raças e religiões, e estabelecendo as comunidades cristãs em todos os lugares a que iam. Essa era a missão deles, que era acompanhada de grandes testes de fé. Às vezes, eles eram bem recebidos. Em outras ocasiões, eles se colocavam em grande perigo — e, no final das contas, alguns foram martirizados pela sua fé.

Hoje em dia, a Igreja comemora Pentecostes, o dia em que o Espírito Santo desceu sobre os discípulos, cinqüenta dias depois do Domingo de Páscoa. Originalmente, o Banquete da Ascensão de Cristo também era comemorado durante o Pentecostes, mas no final do século IV A.D. a sua data recuou a dez dias antes, e a Ascensão atualmente é comemorada quarenta dias depois da Páscoa.

11

A LIDERANÇA NOS PRIMEIROS DIAS DA IGREJA

O cristianismo mudou o seu centro de Jerusalém para Roma por volta de 70 A.D., quando os romanos reprimiram uma rebelião judaica e destruíram Jerusalém. Pedro, proclamado por Jesus como a pedra fundamental da Igreja, trabalhou e morreu em Roma, assim como Paulo. Na visão da Igreja, Pedro deixou depois de si uma linha de sucessão apostólica de bispos (ou papas) que manteriam o bispado romano — a diocese do bispado — como o centro espiritual da Igreja Católica.

À medida que a Igreja continuava crescendo, numerosos personagens fortes, poderosos, ajudaram a moldar o seu desenvolvimento. A Igreja não seria o que é hoje sem o trabalho e o pensamento dessas pessoas importantes.

Clemente de Roma tornou-se o terceiro Bispo de Roma por volta do fim do século I A.D. Algumas evidências sugerem — embora não haja nenhuma prova — que ele teria participado de cultos com Pedro e Paulo. Nesse caso, ele estaria bastante próximo da fonte de inspiração divina e teria sido grandemente influenciado dessa maneira.

A fama de Clemente deriva principalmente de uma epístola magistral na qual afirma a autoridade inviolável e a primazia da Igreja de Roma, que descende de Pedro por sucessão apostólica. Clemente escreveu a sua epístola à igreja dos coríntios, que tinham sido induzidos à sedição, exigindo o seu retorno à obediência.

Clemente pode ter tido uma morte de mártir. De acordo com uma história do século IV A.D., o imperador Trajano estaria aborrecido por Clemente ter convertido tantos pagãos ao cristianismo e o banira a uma pedreira, onde ele realizou um milagre e matou a sede de milhares. Trajano então ordenou que Clemente fosse amarrado a uma pesada âncora de ferro e lançou-o ao mar próximo à Criméia. Quando as ondas baixaram, há uma lenda de que Clemente teria sido sepultado em um túmulo de mármore pelos anjos.

Inácio de Antioquia, o terceiro bispo de Antioquia, viveu do século I ao século II A.D. Ele foi um bom pastor e encorajou o seu povo quando o imperador Domiciano começou a perseguir os cristãos.

Inácio foi um escritor veemente e arrebatado. Enviou epístolas a diversas igrejas — para os efésios, magnesianos, tralianos, romanos, filadelfos, esmirneus e para o grande bispo Policarpo, um dos fundadores pioneiros da Igreja. Nas suas cartas, Inácio advertia contra as heresias. Heresia é o questionamento de uma crença essencial, aceita pela Igreja. Por exemplo, dois pontos de vista que não foram considerados heresias até o século IV A.D. foram o Arianismo, que negava a origem divina de Jesus, e o Maniqueísmo, segundo o qual um deus criou o bem e outro criou o mal, e que os mortais não eram responsáveis pelos seus pecados. As epístolas de Inácio afirmavam que as heresias eram uma ameaça à unidade da Igreja.

Antes do Concílio de Nicéia, em 325 A.D., existiam diversas interpretações do que significava ser cristão. Porque até aquela altura ninguém havia cristalizado os ensinamentos cristãos essenciais, não havia nenhum padrão ortodoxo coerente de crenças segundo o qual julgar outras crenças divergentes como "heresias". Na época do Concílio de Nicéia, porém, a Igreja começou a estabelecer os ensinamentos essenciais, tal como a origem divina de Jesus. Essa crença só alcançaria a sua formalização final em 381 A.D., no Concílio de Constantinopla. Da época do Concílio de Nicéia até o Concílio de Constantinopla, a aceitação desse ensinamento permaneceu como uma séria fonte de conflitos e desentendimentos nos primeiros dias da Igreja.

Inácio de Antioquia continuou a escrever mesmo na prisão e quando a caminho de Roma. Ele foi condenado para ser dilacerado pelos leões no anfiteatro Flaviano em Roma e morreu como um mártir.

Irineu de Lyon cresceu em Esmirna, onde se lembrou de ter ouvido o bispo Policarpo falar sobre o apóstolo João. Irineu foi ordenado em Lyon. Lá, testemunhou o horrorizante martírio dos cristãos gregos, incluindo o bispo de Lyon. Irineu viajou para Roma para falar com o bispo, que lhe pediu para retornar a Lyon, assumir os encargos do bispo martirizado de Lyon e ajudar a reconstruir a Igreja Cristã. (Por "Igreja", o papa queria dizer a comunidade cristã, não um prédio.)

Nos seus escritos, Irineu questionou os gnósticos, que não aceitavam a humanidade de Jesus Cristo porque consideravam o corpo como representante do mal. Irineu também defendeu a idéia da sucessão apostólica, que ajudou a perpetuar.

Clemente de Alexandria era um professor do século II A.D. que viajou entre as comunidades cristãs de língua grega antes de se instalar em Alexandria para começar uma escola. Ele é conhecido por três importantes obras filosóficas que expressam as suas idéias: *Exortações aos Gregos*, *Pedagogo* ("O Tutor") e *Coletâneas*. Uma das suas crenças ardentes era de que a vida cristã deveria ser dedicada ao conhecimento perfeito da verdade.

12
O CRISTIANISMO PROPAGA-SE ATÉ ROMA

Durante os primeiros 300 anos, o cristianismo era visto com grande suspeita. As comunidades cristãs aumentavam, mas as pessoas que aderiam a elas corriam um grande perigo. Os fiéis normalmente faziam as suas orações em segredo. Os cristãos eram molestados e perseguidos em todo o Império Romano, onde não tinham nenhum poder político. O próprio império encontrava-se sob grande tensão tanto externa quanto interna. Os territórios romanos estavam sob ataque de bárbaros, ao passo que internamente a aristocracia romana tornava-se cada vez mais fraca e corrupta. Sob ataque e sem grandes líderes, Roma se desintegrava.

Em 312 A.D., o exército romano estacionado na Bretanha elegeu Constantino como o próximo imperador romano. Ele retornou a Roma, sabendo que precisaria lutar pela sua posição quando lá chegasse. Enquanto atravessava a França com o seu exército, Constantino teve a visão de uma cruz. Considerando essa visão como um sinal, ordenou que os soldados pintassem a palavra *Cristo* em letras gregas nos seus escudos. Constantino derrotou o seu rival e entrou em Roma vitorioso, como o novo imperador. Embora Constantino só tenha se convertido ao cristianismo muitos anos depois, pouco antes da morte, tanto ele quanto Roma apoiaram o cristianismo oficialmente.

Como autor do Édito de Milão, que permitia a liberdade de culto aos cristãos, Constantino é um personagem extremamente importante na história da Igreja. Ele também mudou a capital do Império Romano do Ocidente para Bizâncio (atualmente Istambul) e a rebatizou como Constantinopla. Essa nova "Roma" proporcionou ao cristianismo um novo começo. Além disso, em 325 A.D., Constantino convocou o Concílio de Nicéia, uma congregação de 300 bispos, que formalizaram algumas das doutrinas de fé cristã. (Veja o Número 81.) Esse acontecimento representa um ponto significativo na história, porque a partir daquele momento, o Estado romano tornou-se formalmente envolvido com os assuntos da Igreja.

Teodósio, o Grande, um líder militar que viveu de 346 a 395 A.D., foi batizado em 380, depois de adoecer e quase morrer. Último imperador a governar o Império Romano do Oriente e do Ocidente, Teodósio tolerou as práticas pagãs no início do seu governo. No fim da vida, ele se tornou mais rígido, corroendo aos poucos a influência e o direito de culto pagão, até que proscreveu as práticas pagãs completamente.

Teodósio fortaleceu a unidade da Igreja ao suprimir as heresias do arianismo e do maniqueísmo em Constantinopla. Ele também ficou famoso por convocar o segundo Concílio Geral de Constantinopla, em 381 A.D., para promover a sucessão católica dentro da visão patriarcal de Constantinopla (o grupo dos cinco bispos "superiores" na hierarquia da Igreja Ortodoxa Oriental).

∽ 13 ∽
CRESCE A INFLUÊNCIA DO PAPADO

No século IV A.D., o poder do bispo em Roma continuou crescendo. O papa Dâmaso I (366-384 A.D.) e todos aqueles que o sucederam — Sirício, Anastácio I, Inocêncio I, Zózimo, Bonifácio I, Celestino I, Sisto III e o papa Leão, o Grande — tornaram a Igreja mais poderosa e estabeleceram a idéia de que, quando expressassem uma fala papal, seria Pedro quem estaria falando por meio deles. Depois da queda de Roma em 410 A.D., durante o papado de Inocêncio I, o papa apressou-se a preencher o vazio da liderança política.

Subseqüentemente, os papas passaram a escrever sobre a glória da Igreja de Roma e, a partir daí, surgiu o título formal de Santa Igreja Católica Romana. "A Igreja Católica inteira espalhada pelo globo é a câmara nupcial exclusiva de Cristo", escreveu o influente papa Dâmaso. (Lembre-se, *católico* significa "universal" ou "que abrange a tudo".) "A Igreja de Roma colocou-se acima de todas as outras igrejas não em virtude de um decreto conciliar, mas em virtude das palavras do Senhor: 'Tu és Pedro!'" Esse era um ponto de vista muito controvertido, claramente não admitido por outros bispos.

O papa Leão, o Grande, que manteve o ofício papal de 440 a 461 A.D., era um homem de força pessoal enorme e de grande eloqüência: ele persuadiu Átila, o Huno, a voltar dos portões de Roma quando os bárbaros planejavam saquear a cidade. A realização mais importante de Leão foi a vigorosa afirmação da primazia da posição do bispo romano. Ele persuadiu o imperador Valentiniano a reconhecer oficialmente a posição social desse papel. Como resultado, em 445 A.D., Valentiniano emitiu um édito proclamando a supremacia papal do bispo de Roma, para todo o sempre.

Em 451 A.D., o papa Leão influenciou fortemente o Concílio da Calcedônia, no qual a doutrina sobre a natureza dual de Jesus foi firmemente estabelecida. (A idéia segundo a qual Jesus o Cristo era tanto inteiramente humano quanto inteiramente divino é uma doutrina católica decisiva.) O Concílio também afirmou que o bispo de Roma tinha autoridade superior à do patriarca de Constantinopla. Essa proclamação progrediu ao longo de mais de cinco séculos de brigas e levou finalmente ao cisma entre a Igreja Ortodoxa Oriental e a Igreja Católica Romana (Ocidental).

Com o passar do tempo, a Igreja envolveu-se cada vez mais com os assuntos seculares (e especialmente políticos). Três homens — Gregório, Bonifácio (um monge) e Gregório VII — tiveram um papel importante na moldagem do ofício papal. O papa Gregório I, que nasceu em cerca de 540 A.D., começou a sua carreira como funcionário público em Roma, tentando dar de comer aos pobres. Ele abandonou a carreira e fundou um mosteiro, vivendo uma vida de silêncio. Quando o papa morreu com a peste, o povo elegeu Gregório para o pontificado, que na época contava com 50 anos de idade.

Ele fez muitas realizações durante o seu mandato, demonstrando que poderia ser alcançado tanto no mundo em geral quanto no mundo espiritual. Tentou cuidar dos pobres, ajudou a reconstruir as igrejas envelhecidas, designou a educação para os padres, espalhou a fé pela Bretanha e escreveu extensamente sobre temas de teologia. Também criou a bela música litúrgica conhecida como canto gregoriano.

Bonifácio, um monge beneditino inglês, é outra pessoa que contribuiu para a centralização do poder na Igreja Ocidental. A sua grande missão foi pregar aos estados alemães, entre os quais foi feito bispo. Ele fundou mosteiros e ganhou a confiança dos governantes alemães (então chamados francos).

Em 751 A.D., com a aprovação do papa, Bonifácio coroou Pepino, o Breve, como o rei dos francos. Essa relação entre o papado e a monarquia francesa permitiu ao papa atrair a ajuda dos francos quando uma tribo de bárbaros ameaçou Roma. Pepino defendeu Roma e depois doou ao papa uma enorme área de terra na Itália como o seu próprio território. Esse gesto veio a se confirmar de extrema importância, uma vez que passou a significar que o papa era agora um governante não só espiritual como também territorial: nasciam os Estados Papais, e consagrou-se um arranjo segundo o qual o papa coroava os reis e os reis ajudavam o papa.

Com o estabelecimento dos Estados Papais, a Igreja não só tinha uma casa, mas um país, de sua propriedade. O papado continuou reivindicando a posse de vastas propriedades de terra até 1870. Atualmente, a Cidade do Vaticano é o que restou como um estado independente.

∞ 14 ∞
MONASTICISMO

Enquanto os bispos — e o bispo de Roma em particular — tornavam-se cada vez mais envolvidos com os assuntos mundanos, alguns fiéis quiseram se distanciar da vida secular e se dedicar inteiramente a Deus. Assim, o século IV A.D. também foi palco do surgimento do monasticismo, um movimento liderado por eremitas que queriam imitar a vivência de Jesus na solidão. Esses eremitas queriam ter uma vida de recolhimento, simples, longe das tentações mundanas.

A palavra *mosteiro* deriva da palavra grega *monos*, que significa "só" ou "solteiro". Os primeiros mosteiros originaram-se no Egito e os monges viviam sós e reuniam-se apenas para as orações em uma capela comum. Desses primeiros grupos de eremitas frouxamente colegiados surgiram as comunidades plenamente desenvolvidas, com sistemas e doutrinas bem definidos e centralizados.

Santo Agostinho (354-430 A.D.), um dos primeiros monges, desempenhou um papel importante na teologia da Igreja por desenvolver uma tradição teológica. Quando jovem, Agostinho não era piedoso. No entanto, encontrou a fé posteriormente com a ajuda do bispo Ambrósio, a quem conheceu em Roma. Então ele retornou ao norte da África, onde fundou um mosteiro pequeno.

Depois da queda de Roma perante os góticos, em 410 A.D., todo mundo se perguntou como Deus pudera permitir que uma coisa tão horrível acontecesse. Em resposta a essa questão, Agostinho escreveu *A Cidade de Deus*, a sua obra mais importante. Ainda é muito lida atualmente, como uma análise de como as pessoas podem manter a fé em tempos de grande injustiça.

A obra de maior renome de Agostinho são *As Confissões*, um relato autobiográfico em que ele conta como encontrou a fé. Nesse relato profundamente filosófico e pessoal, ele mostra como a graça de Deus está disponível a todos, até mesmo "aos filhos pródigos" que inicialmente levam a vida no ócio.

Outro personagem muito importante para o desenvolvimento monástico inicial foi são Benedito (480-547 A.D.). Mortificado com os crimes e pecados que testemunhava, são Benedito introduziu a disciplina ascética (uma tradição de abnegação que incluiu pobreza e castidade) na vida monástica.

A Ordem dos Beneditinos que ele fundou, no alto de uma montanha a meio caminho entre Nápoles e Roma, acabou estabelecendo um estilo de mosteiros auto-suficientes que incluíam vinhedos, pomares, uma igreja, uma biblioteca e celas para dormir. O mosteiro beneditino — em essência uma unidade econômica completa — foi modelo para outros por centenas de anos.

Antes do século V A.D., os mosteiros tinham se estabelecido por todo o mundo habitado: na África, no reduzido Império Romano, na França, na Alemanha e até mesmo na Irlanda, onde são Patrício atuou para converter os irlandeses ao cristianismo.

Os partidários da vida monástica tanto do sexo masculino quanto feminino desempenharam funções importantes. Eles atendiam aos pobres e enfermos, acolhendo os viajantes. Também fundaram bibliotecas e ofereciam uma educação rudimentar às crianças.

Basílio, o bispo e monge que fundou uma ordem na Capadócia, na Ásia Menor, foi o primeiro a enfatizar a importância do trabalho erudito (além de oração) na vida monástica. Até então, a maioria dos monges recebia pouca instrução e evitava o estudo. Finalmente, a tradição de erudição tornou-se uma parte importante da vida monástica. Na realidade, os mosteiros merecem o crédito por preservar a literatura da Antiguidade, que precisou ser transcrita à mão. Os monges passavam horas copiando laboriosamente os textos e pintando a maioria das obras sacras mais importantes em manuscritos formosamente ilustrados.

A Idade Média foi um período terrivelmente difícil para as pessoas pobres, que eram vulneráveis a inúmeras doenças e às facções feudais em guerra. Durante essa época, os mosteiros tornaram-se oásis de paz e ordem, oferecendo comida, roupas e abrigo. Os mosteiros também mantiveram acesa a chama do cristianismo durante esse período difícil da história européia.

∽ 15 ∽
A separação das igrejas Católica Romana e Ortodoxa Oriental

A separação da Igreja Ortodoxa Oriental grega da Igreja Católica Romana começou oficialmente com o Grande Cisma de 1054, mas a divisão real não aconteceu da noite para o dia. Ocorreu gradualmente, enquanto Roma e Constantinopla lutavam pelo poder político e pela autoridade religiosa.

As tensões geralmente aconteciam porque as duas facções da Igreja competiam para obter mais convertidos para aceitar o seu estilo de prática do cristianismo como um meio de estabelecer alianças políticas e culturais. Tal foi o caso com a conversão do povo eslavo de Europa Oriental.

Muitos idiomas eslavos são escritos no alfabeto cirílico. A introdução do alfabeto cirílico promoveu a alfabetização e permitiu que os eslavos traduzissem a Bíblia e outros textos cristãos para os próprios idiomas.

Ao final do primeiro milênio, sérvios, russos e búlgaros praticavam o culto de acordo com os ritos orientais, ao passo que croatas, tchecos, magiares, morávios, poloneses e eslovacos alinharam-se à Igreja Romana.

Conforme mencionado anteriormente, o imperador Constantino mudou a capital do Império Romano de Roma para Constantinopla em 450 A.D. Quando Carlos Magno, o rei de França, foi coroado imperador do Sacro Império Romano pelo papa Leão III em 800 A.D., fazia mais de 300 anos que não havia um imperador Ocidental. O imperador oriental havia usurpado o governo do Ocidente, depois que a linhagem de imperadores romanos entrara em colapso. Essa coroação indicava que o Ocidente estava se emancipando e os poderes do Oriente não estavam satisfeitos com isso.

Finalmente, em 1054, a ruptura entre as igrejas Oriental e Ocidental alcançou o ponto sem retorno. Miguel Cerulário, que era o patriarca de Constantinopla, decidiu tomar uma posição. Ele proclamou que as duas igrejas não poderiam mais atuar em conjunto.

O papa Leão IX, que não queria ver um cisma dividindo os cristãos, enviou o cardeal Humbert para Constantinopla, para negociar como o representante dele. No entanto, havia muitas discordâncias religiosas e políticas para serem negociadas e os dois lados não conseguiram chegar a um acordo. Quando o papa Leão morreu, o cardeal Humbert decidiu tomar uma medida agressiva e excomungou Miguel. Miguel reagiu com reprovação, argumentando que o cardeal não agia em consonância com a autoridade papal. Miguel declarou então que assumia o controle da Igreja Ortodoxa Oriental, mas faltava-lhe o poder efetivo para tanto.

16

Antagonismo e reforma na Igreja depois do Cisma Oriente-Ocidente

Depois do Grande Cisma, o poder da Igreja Católica Romana continuou a crescer no Ocidente. Enquanto a Europa deixava o sistema feudal para a união de estados e reinos que eram governados pela monarquia, os papas aumentaram o seu envolvimento nas políticas dos territórios circunvizinhos, muitas vezes exercendo uma influência notável mediante a sua autoridade religiosa.

O papa Gregório VII, também conhecido como Hildebrando, desempenhou um papel importante na centralização do poder da Igreja. Em 1073, Gregório decidiu introduzir reformas na maneira como os bispos e abades eram designados aos seus postos clericais. No passado, essas indicações eram feitas por leigos da alta classe. Isso significava que a Igreja estava sujeita aos governantes locais — uma posição distintamente comprometedora.

Para introduzir a reforma, Gregório declarou uma decisão contra "investidura secular", ou indicações clericais por líderes seculares. Compreensivelmente, o imperador do Sacro Império Romano, Henrique IV da Alemanha, que praticamente controlava o mundo ocidental, não concordou com essa decisão. Sem se deixar intimidar, Gregório excomungou Henrique da Igreja.

Para ser reintegrado, Henrique humilhou-se perante o papa, mas as tensões não cessaram. A guerra civil eclodiu na Alemanha e Gregório pediu a paz no império. Quando Henrique recusou-se a deixar de lutar, Gregório proclamou Henrique deposto. Henrique reagiu empossando um antipapa, Clemente III, e conseguiu ganhar a guerra. Em seguida ele atacou a Itália — sem sucesso em 1081 e novamente em 1083. Na segunda investida, ele agradou também os romanos com a sua generosidade e eles traíram Gregório. O papa fugiu para Salerno e morreu um ano depois.

O conflito continuou até que Henrique V e o papa Calisto II chegaram a um acordo, conhecido como a Concordata de Worms (1122), segundo a qual dali por diante todos os bispos seriam consagrados pela Igreja. O imperador tinha o direito de estar presente à ordenação e investir poderes seculares sobre o clero.

Essa reforma, como também muitas outras introduzidas pelos papas subseqüentes, foi complementada por uma reforma no clero inferior e em práticas e costumes católicos. A Igreja decretou que os padres precisariam freqüentar uma faculdade católica antes de poderem ser ordenados e introduziu a prática do celibato sacerdotal (segundo a qual os padres não podem se casar).

Finalmente, no século XIII, a Igreja estabeleceu formalmente os sete sacramentos, conforme os conhecemos atualmente: o Batismo, a Confirmação, a Eucaristia, a Penitência, a Unção dos Enfermos, o Matrimônio e as Ordens Sacras. Essa foi uma importante decisão para definir a essência do catolicismo romano.

A arquitetura monumental que a Igreja enriquecida patrocinou mais adiante solidificou o poder e a influência do papado. Ao mesmo tempo, a

Igreja assumiu a liderança na educação. As primeiras universidades desenvolveram-se de escolas pequenas que tinham sido estabelecidas em conjunto com catedrais católicas para grandes organizações que ofereciam um ótimo aprendizado e bolsa de estudos aos alunos. As universidades na Itália, na França, na Inglaterra e na Alemanha atraíram bons professores e alunos ambiciosos e ensinavam disciplinas como medicina, filosofia, matemática, lógica, direito e teologia.

17

As ordens mendicantes

Conforme explicado anteriormente, o monasticismo tem uma longa história dentro da Igreja Católica. Primeiro individualmente e depois em grupos, homens e mulheres congregavam-se fora da sociedade para ficar mais próximos a Deus. Essa tradição se fortaleceu durante a Idade Média, quando se desenvolveram novas ordens religiosas, muitas das quais ainda existem.

Os frades de mendicante pertenciam a ordens religiosas que também faziam voto de pobreza, como a dos monges. No entanto, esses frades não só renunciavam ao direito de propriedade individual, mas também desistiam da propriedade coletiva. Como resultado, esses frades dependiam do próprio trabalho e da caridade dos outros para sustentar as suas ordens. Os frades mendicantes viviam viajando, pregando e pedindo esmolas para sobreviver (é por isso que eles também ficaram conhecidos como frades mendicantes). As duas ordens mendicantes mais importantes eram a dos dominicanos e a dos franciscanos.

Também conhecido como Frades Pretos, por causa dos capotes pretos que usam em cima da túnica branca, os dominicanos receberam esse nome por causa de Domingos Guzman, que nasceu em 1170. A missão básica de Domingos era converter os hereges de volta à congregação cristã. A ordem dominicana teve o seu começo quando Domingos persuadiu vários homens a ajudá-lo no seu ministério por toda a Europa. Finalmente, contudo, os integrantes da ordem dominicana se estabeleceram em casas comunais. Entre outras coisas, uma das grandes realizações dessa ordem é o fomento da erudição.

Um dos dominicanos mais conhecidos é santo Tomás de Aquino (1225-1274), que desobedeceu a vontade da sua família rica quando se uniu à ordem. Aquino estudou com professores dominicanos instruídos como Alberto, o Grande, e se tornou um grande pesquisador. A sua realização mais importante foi aplicar o raciocínio filosófico de Aristóteles à sabedoria da Bíblia na sua *Suma Teológica*, que acabaria sendo, do Concílio de Trento em diante, usada em todo decreto oficial emitido pela Igreja.

A exemplo de santo Tomás de Aquino, são Francisco de Assis, o fundador da ordem franciscana, deu as costas à riqueza e ao conforto, mas o seu voto de pobreza foi mais severo do que o da maioria. Conhecido pela sua ligação com os animais e o mundo natural, Francisco também se preocupou com os enfermos e os aleijados — até mesmo os leprosos, de quem ninguém se aproximava. Finalmente, atraiu muitos seguidores, que também adotaram o seu estilo de vida simples e as sua boas ações, e os levou por toda a Europa. Uma das pessoas que se tornaram partidárias da causa de são Francisco foi uma mulher chamada Clara, que inaugurou um convento chamado Claras Pobres, para freiras que desejassem passar a vida em oração.

Embora os integrantes das ordens mendicantes fossem pobres, eles eram ricos em espírito, uma vez que buscavam seguir o exemplo de Jesus Cristo.

18

TEMPOS TURBULENTOS: AS CRUZADAS E A INQUISIÇÃO

Enquanto a Igreja se estabelecia em grande parte da Europa e continuava lutando pelo poder político ao longo da Idade Média, a sua visão social mudou. A Igreja e os seus representantes tinham a intenção de tornar (e depois manter) o catolicismo como a religião mais importante, levando a Palavra de Deus o mais remotamente possível.

As Cruzadas e a Inquisição estão entre os capítulos mais infelizes e tumultuados da história da Igreja Católica. Embora diferissem nas suas metas supremas, esses dois episódios agressivos compartilharam uma ilusória crença no uso da força para a consecução de outros propósitos religiosos.

As Cruzadas

As Cruzadas — guerras travadas em nome do cristianismo durante a Idade Média — serviram a propósitos políticos, sociais e religiosos diferentes. Embora os historiadores discordem no número exato das Cruzadas (dependendo da definição de um determinado historiador do que, exatamente, constitui uma Cruzada), a maioria afirma ter havido pelo menos sete e está de acordo sobre quatro das Cruzadas mais importantes.

É claro que uma guerra em nome da religião permanece em total contraste com a mensagem de amor e paz de Jesus. Àquela altura da história, porém, as pessoas consideraram as Cruzadas como atos de fé e dever religioso.

A Primeira Cruzada, no século XI, foi uma reação à tomada de Jerusalém pelos muçulmanos turcos. A viagem segura de peregrinos em visita aos locais sagrados cristãos era uma questão importante naquele momento. Com medo de que os muçulmanos destruíssem aqueles locais e acreditando que a Terra Santa deveria ser libertada em nome de Deus, o papa Urbano II convocou uma Cruzada. Foram enviados exércitos de cavaleiros para recuperar a Terra Santa. Esse episódio foi o primeiro de uma série de campanhas semelhantes, que foram empreendidas ao longo dos séculos XI, XII e XIII.

No transcorrer das quatro Cruzadas principais, as motivações para a luta distanciaram-se cada vez mais das intenções originais. Os cavaleiros da Primeira Cruzada conseguiram entrar em Jerusalém, uma vitória que resultou em um massacre de muçulmanos e judeus. No entanto, os cristãos não puderam manter o controle de Jerusalém por muito tempo, apesar dos reforços que chegaram durante a Segunda Cruzada. A Terceira Cruzada, conduzida por Ricardo Coração de Leão, recuperou algumas terras, mas os cavaleiros estavam mais interessados em saquear do que em uma causa divina.

Durante a Quarta Cruzada, os cavaleiros viajaram a Constantinopla e a saquearam, com cristãos lutando contra outros cristãos.

No final das contas, as Cruzadas tiveram um resultado pequeno, a não ser pelo sofrimento de todos os envolvidos. Ao examinar a progressão das quatro Cruzadas principais, não é difícil ver que cada uma foi sendo menos nobre do que a anterior.

A Inquisição

A Inquisição Papal começou em 1232, sob os auspícios do papa Gregório IX, como uma reação contra as heresias que ameaçavam a unidade da Igreja. O propósito da Inquisição era descobrir os hereges e forçá-los a aceitar a ortodoxia católica como era praticada e ensinada pela Igreja.

Conduzida principalmente no sul da França, no norte da Itália e nordeste da Espanha, as investigações públicas eram estabelecidas de cidade para cidade. As pessoas eram encorajadas a informar os hereges e, uma vez que a identidade dos acusadores era mantida secreta, muitos adiantavam nomes. Os hereges que confessavam e se retratavam recebiam uma penitência (um tipo de multa religiosa), que poderia ser qualquer coisa desde recitar orações a suportar um açoitamento. Os que se recusassem a admitir as acusações e a "se arrepender" eram castigados. Nos casos mais extremos, alguns eram queimados amarrados a uma estaca ou enforcados.

A Inquisição Papal estendeu-se pela maior parte do século XIII e ressurgiu no século XV na Espanha na sua forma mais virulenta.

Na Espanha, a Inquisição foi conduzida sob a autorização do monarca espanhol, embora com a bênção do papa — quer dizer, era uma instituição tanto política como também religiosa. (Todas as outras Inquisições menos a Espanhola foram administradas por inquisidores designados pela Igreja; a Inquisição Espanhola foi um instrumento da monarquia espanhola.) O rei Fernando e a rainha Isabel (os monarcas que custearam as viagens de Colombo) precisavam de uma causa sob a qual pudessem unificar o povo espanhol em uma nação poderosa. Eles também precisavam de dinheiro.

Eles escolheram a força unificadora do catolicismo para alcançar as metas e pediram ao papa permissão para começar a Inquisição, com o propósito de "purificar" a terra. Muçulmanos e judeus convertidos ao catolicismo, protestantes, descrentes e cristãos que não concordavam inteiramente com determinados aspectos do dogma católico precisavam ser todos purificados. Convenientemente, o Estado se apropriava de todas as posses que pertenciam aos hereges que eram executados.

O acontecimento mais infeliz da história da Igreja, a Inquisição Espanhola causa horror, até mesmo nos nossos dias.

19
Problemas políticos dão origem ao Grande Cisma Papal

Os anos de 1300 foram um período horrível na Europa. A peste bubônica, ou a Peste Negra, arrasou o continente e dizimou um terço da sua população. Ninguém, dos camponeses à realeza, estava seguro. A Igreja não foi poupada igualmente e novos padres foram ordenados às pressas para substituir os que pereciam enquanto cuidavam dos paroquianos.

Enquanto isso, Inglaterra e França deram início à Guerra dos Cem Anos. Envolvidos na luta, os países não prestavam muita atenção à Igreja, e o papado começou a perder o seu poder.

No começo do século XIV, o poder na Europa começou a voltar outra vez para o mundo secular. O rei Felipe IV da França atraiu o papado para a batalha arrecadando impostos do clero para a defesa do reino. O papa Bonifácio VIII enfrentou-o valentemente, mas os seus esforços foram malsucedidos. Depois da morte de Bonifácio, em 1303, Felipe assegurou a eleição de um francês, Bertrand de Got, como papa. "Coroado" em Lyon como Clemente V, pouco depois disso ele tomou residência em Avignon, no sul de França.

Embora essa mudança tivesse a pretensão de evitar a tensão política entre as cidades soberanas italianas, Clemente deixou o papado vulnerável à monarquia francesa. Depois que Clemente morreu, o papa seguinte declarou Avignon a sede permanente do papado e cercou-se de representantes da igreja e funcionários do governo para se licitar. Sete papas franceses governariam de Avignon antes que a sede voltasse a Roma.

As dificuldades do papado não terminaram quando o papa Gregório XI devolveu a sede a Roma, em 1377. Na morte de Gregório, sob a pressão de líderes romanos, o Colégio de Cardeais elegeu um papa italiano, Urbano VI, que acabou se revelando fraco e sem diplomacia. Infelizes com essa escolha, os cardeais franceses voltaram a Avignon e elegeram um papa próprio, Clemente VII. Alguns países submeteram-se a Urbano, outros se alinharam com Clemente VII, dividindo o papado e toda a Europa. Essa calamidade, que ficou conhecida como o Grande Cisma Papal, durou trinta anos.

Foram necessários os esforços do sacro imperador romano Sigismundo para acabar com o comportamento ignóbil da Igreja. Ele convocou o Concílio de Constança, que resolveu o Grande Cisma em 1417. Um papa romano, Martinho V, voltou a ser eleito.

A Igreja estava outra vez unida sob um papa, mas o poder papal tinha se deteriorado gravemente. Os camponeses e a crescente classe média estavam chocados e intimidados. Os monarcas se fortaleciam e tornavam-se mais poderosos, e o papado já não podia controlá-los. Essas mudanças estabeleceram o palco para o Renascimento e também para a Reforma, o movimento protestante que ameaçou destruir a Igreja Católica.

20

A CORRUPÇÃO DA HIERARQUIA DA IGREJA NO SÉCULO XVI

No alvorecer do século XVI, a Santa Igreja Católica Romana viu-se acossada por problemas internos. A sua hierarquia era corrupta e desorganizada. As famílias ricas abasteciam de pessoal as posições de liderança das igrejas, bispados e a Cúria Romana. Esses integrantes do clero compravam e vendiam postos clericais. Os bispos controlavam territórios enormes em nome da Igreja e os funcionários da Igreja compravam e vendiam indulgências.

Uma indulgência é uma redução parcial do castigo ainda devido pelo pecador após a confissão e a absolvição. As pessoas obtêm uma indulgência por atos de arrependimento, como a oração ou o jejum, de modo a passarem menos tempo no purgatório. (O purgatório, uma fase na viagem da alma antes de alcançar Céu, é um estado de purificação para as pessoas que morrem em um estado de graça. Veja o Número 44.) No fim da Idade Média, o clero aproveitava-se do desejo das pessoas de apressar o caminho das almas dos parentes falecidos rumo ao Céu vendendo-lhes indulgências, uma prática que os reformadores denunciaram intensamente.

Enquanto isso, o clero local não era instruído corretamente e não cuidava dos seus rebanhos. Esses clérigos raramente pregavam, instruíam os jovens ou auxiliavam nas outras necessidades dos seus paroquianos. Pior ainda, eles davam um mau exemplo. Alguns tinham problemas com a bebida enquanto outros sustentavam amantes.

As ordens religiosas não eram melhores. A guerra, desavenças políticas e a Peste Negra haviam bloqueado o crescimento dos mosteiros. A disciplina nos mosteiros tinha desaparecido e os seus integrantes já não estavam preocupados com as condições sociais e culturais do país. A veneração nos cultos e as refeições comuns deram lugar à cobiça pela propriedade privada.

Os papas do Renascimento, que eram protetores ricos das artes e estadistas astutos, viam o estado deplorável da situação, mas tinham mais a ganhar com ela. O Concílio de Latrão, que terminou em 1517, pedia reformas que incluíam a instrução adequada do clero; no entanto, o papa na ocasião, Leão X (1475-1521), não as apoiou. Essa corrupção, e a necessidade de reforma, pavimentou o caminho para o movimento de Martinho Lutero.

21
Martinho Lutero e a Reforma

Martinho Lutero (1483-1546) foi o fundador do movimento da Reforma, que levou ao nascimento de muitas comunidades protestantes. Um católico e pesquisador leal e circunspecto, Lutero tornou-se monge agostiniano, estudou teologia e acabou se tornando professor da Universidade de Wittenberg, na Alemanha.

Introspectivo e depressivo, Lutero sentia que não merecia ser salvo. Mas, em 1513, teve uma intuição espiritual: a nossa fé no amor de Deus é o que nos qualifica para a salvação. As boas ações são secundárias. O homem é um vaso cheio de pecados, salvo apenas por estar envolvido pelo amor de Deus.

Lutero pregou a sua nova visão, mas não causou impacto até que começou uma campanha contra a venda de indulgências, a qual — pelo preço certo — prometia aos ricos a redenção do purgatório. Um dos principais argumentos de Lutero foi que o papa não tinha a possibilidade de controlar as almas no purgatório.

Além do conceito da salvação unicamente pela fé, os outros princípios teológicos de Lutero permaneceram essenciais à maioria das denominações protestantes:

Um único texto sagrado. A Bíblia, em especial o Novo Testamento, é a única fonte infalível e o estatuto da fé; cada pessoa deve interpretar as Escrituras à maneira que lhe convém. Nada escrito depois do Novo Testamento pelos santos e teólogos cristãos pode reivindicar a mesma autoridade da Bíblia.

O sacerdócio universal dos fiéis. Nenhuma pessoa precisa depender que um integrante do clero aja como mediador perante Deus. Nem o papado nem a hierarquia da Igreja têm mais autoridade divina do que um cristão comum.

Pregação da Palavra Divina. Uma das responsabilidades básicas de um ministro é pregar a mensagem das Escrituras para melhor alcançar o seu público. Como conseqüência dessa tese, os protestantes condensaram a liturgia a uma exegese (uma explicação e análise decisivas) das Escrituras e da comunhão e começaram a conduzir os serviços na sua língua nativa (em lugar do latim).

O movimento de Lutero espalhou-se rapidamente pela Europa, onde as igrejas protestantes começaram a surgir sob a proteção do governo secular de alguns territórios. Outro reformador, João Calvino, reuniu as crenças de Lutero e enviou missionários por toda a Europa para pregar e organizar comunidades. Suíça, Escócia, regiões da França e da Holanda, todos abraçaram o calvinismo. O ensinamento de Calvino sustentava a presença objetivamente real de Jesus na Eucaristia e enfatizava esse sacramento como um meio para os fiéis se relacionarem com Deus. O batismo foi o único outro sacramento mantido pela maioria das tradições protestantes. Na época em que Calvino, Lutero e outros reformadores terminaram a sua pregação, metade de toda a Europa era protestante.

22

A Renovação depois da Reforma

Pressionada em parte pelos protestantes, em parte pelos líderes internos, a Igreja Católica começou a se renovar. Os séculos XVI e XVII foram um período do nascimento e renascimento de ordens religiosas; de santos e místicos; de papas dedicados; e reformas de grande alcance introduzidas pelo Concílio de Trento (1545-1563).

Entre as ordens religiosas, a nova Oratório do Amor Divino, fundada em Gênova, Itália, em 1475, envolvia devoções regulares e obras piedosas para a renovação espiritual pessoal. Composta tanto de leigos quanto de integrantes do clero, incluía os integrantes da cúria (coletivamente, os departamentos e ministérios que ajudam o papa a governar a Igreja). Importantes humanistas cristãos e reformadores, incluindo Gian Pietro Carafa (depois Paulo VI), vieram das fileiras dessa ordem.

A ordem dos Capuchinhos ramificou-se dos franciscanos em conseqüência da luta contra a Reforma. Agostinianos e dominicanos passaram por reformas e o dominicano Antonio Ghislieri tornou-se Pio V (que exerceu o papado entre 1566 e 1572), conferindo um maior grau de integridade ao ofício papal.

Também durante esse período, santo Inácio de Loyola fundou a ordem dos jesuítas. (Soldado, Inácio recebeu a iluminação espiritual enquanto se recuperava de ferimentos.) Ativos e práticos, os jesuítas trabalharam pela propagação e defesa da fé. Os seus integrantes era recrutados criteriosamente e recebiam treinamento adequado.

Houve vários outros homens e mulheres célebres que fundaram ou reformaram as ordens religiosas durante esse período, que costuma ser identificado como o da Reforma Católica.

Felipe Neri (1515-1595) fundou a ordem dos Padres Oratorianos. Neri era um homem alegre, dinâmico, com profundas qualidades espirituais. Proeminente em Roma durante o final do século XVI, como confessor de papas e cardeais, influenciou a transformação da Cúria.

São Francisco de Sales (1567-1622) fundou a ordem dos salesianos e persuadiu as pessoas do distrito de Chablais, na França, a regressar à religião católica. Os seus textos são considerados como guias clássicos para a vida espiritual.

Santa Joana Francisca de Chantal (1572-1641), uma discípula de Francisco de Sales, fundou a ordem das Irmãs da Visitação.

São Vincente de Paulo (1581-1660) fundou a Congregação da Missão, que fez muito para melhorar o clero francês. Com Louise de Marillac, ele fundou a ordem das Irmãs de Caridade, em 1633. As freiras dessa ordem não eram enclausuradas. Ao contrário, saíam para trabalhar entre os pobres e doentes e foram de capital importância para a fundação de muitos hospitais.

O papa Paulo III também acelerou a reforma papal designando reformadores ao Colégio dos Cardeais e finalmente convocando o Concílio de

Trento (1545-1563), que reafirmou a primazia do papa e apoiou a importância da tradição. Lembrou aos católicos que a salvação requer esperança e caridade — manifestadas nas boas ações — tanto quanto fé no amor de Deus. Além disso, rejeitou as crenças dos protestantes sobre o número e a natureza dos sacramentos.

O concílio fortaleceu a autoridade dos bispos e exigia que cada bispo residisse na própria diocese. Aprovou regulamentos sobre a concessão de indulgências e proibiu as práticas de simonia (o tráfico de objetos e ofícios sagrados) e o pluralismo (manter mais de uma diocese). A formação em seminários e o hábito clerical tornaram-se obrigatórios para os padres diocesanos, juntamente com a prática do celibato. O concílio encorajou os padres assim como os leigos a se esforçar para ser virtuosos e meditar. O Concílio de Trento terminou sob o papa reformador Pio IV.

O papa seguinte, Pio V (1504-1572), publicou novas edições do Índice de Livros Proibidos, do Catecismo, do Breviário (o livro devocional dos padres) e do missal. O novo missal transformou a Missa católica romana em um ritual mais uniforme em toda a Igreja. Essa mudança foi extremamente importante porque, com todas as igrejas católicas ao redor do mundo celebrando a Missa do mesmo modo, os fiéis podiam assistir aos serviços em qualquer lugar e sentir-se familiarizados com eles.

23

O CATOLICISMO SE ESPALHA PARA O NOVO MUNDO

A época das viagens marítimas e da descoberta de novas terras foi o começo de uma era missionária. Enquanto a batalha da Igreja contra o protestantismo recrudescia na Europa, o rebanho católico aumentava no Novo Mundo. Em 1493, o papa Alexandre VI dividiu as terras descobertas por Colombo entre dois países católicos, repartindo metade com Portugal e metade com a Espanha. Em troca, Espanha e Portugal tiveram o direito e a responsabilidade exclusivos de converter os habitantes do Novo Mundo ao catolicismo.

Ligar essa missão à conquista política foi uma medida infeliz; entretanto, foi a maior e mais rápida expansão do cristianismo que a Igreja jamais tinha visto. O catolicismo se espalharia pela América Central e do Sul, pela América do Norte e partes de Ásia e da África.

Enquanto isso, os monarcas de Portugal e Espanha usaram os seus mandatos missionários para fazer avançar os próprios objetivos políticos ao mesmo tempo que habilmente concediam liberdade aos seus exércitos e civis. Enquanto os exploradores seculares buscavam o Novo Mundo por causa dos seus tesouros míticos e conquistavam os seus territórios, o clero católico ensinava aos nativos a fé cristã em missões católicas.

Padres de uma grande variedade de ordens levaram a fé às vastas regiões e a muitas pessoas do Novo Mundo.

Nas Américas Central e do Sul, os nativos relutantes do Peru, Colômbia, Equador, Venezuela, Bolívia e Chile foram convertidos pela poderosa invasão dos espanhóis mercedários (da Ordem das Mercês, fundada em 1218 por são Pedro Nolasco), dominicanos, franciscanos e jesuítas, seguidos por agostinianos e salesianos. De maneira semelhante, os jesuítas, franciscanos e carmelitas portugueses levaram o cristianismo ao imenso território que se tornaria o Brasil, e os franciscanos e jesuítas espanhóis converteram vigorosamente centenas de milhares de nativos na América Central.

No Brasil, os primeiros jesuítas desembarcaram em 1549, entre eles o padre Manoel da Nóbrega. Em 1553, chegou ao Brasil o padre José de Anchieta. Outro jesuíta historicamente importante foi o padre Antônio Vieira, um dos grandes oradores sacros do século XVII. Em duzentos anos de desenvolvimento pacífico, a Companhia de Jesus tornou-se a maior educadora e missionária do Brasil. No ano de 1750, a Província dos Jesuítas no Brasil contava com 131 casas, entre elas 17 colégios.

Enquanto alguns nativos aceitavam a conversão pacificamente, outros não o faziam. Muitos padres suportaram grande sofrimento. Eles padeciam e morriam acreditando ser o seu dever levar a Palavra de Deus aos povos do Novo Mundo. Entre os missionários martirizados pela sua fé destacam-se os mártires Isaac Jogues, S.J. (1607-1646) e Jean de Brebéuf (1593-1649).

Mesmo quando esses missionários encaravam o perigo e eram martirizados, os povos indígenas sofriam também, uma vez que a sua segurança e bem-estar eram ameaçados, os seus estilos de vida e sistemas de valores eram invalidados e as suas práticas espirituais eram rejeitadas.

⌘ 24 ⌘
Concílio Vaticano I: tendências liberais criticadas

Da metade do século XVII até metade do século XIX, a Igreja na Europa lutou contra as novas idéias, os novos ideais e as mudanças de ordem política. A Revolução Francesa, o desaparecimento ou transferência das monarquias e o surgimento de governos eleitos democraticamente por todo o continente debilitaram algumas das proteções que as igrejas Católica e Protestante tinham desfrutado até então.

Além disso, as marcas registradas do Iluminismo — liberdade de pensamento, racionalismo e liberalismo — ajudaram a questionar a maneira como a Igreja sempre funcionou. A Igreja nunca foi conhecida por apressar mudanças nas suas crenças e práticas para acompanhar o ritmo das tendências políticas e culturais. Então, não é de surpreender que o conservador clero católico denunciasse as novas idéias e os métodos inovadores de interpretar o mundo. Por exemplo, quando livros como *A Origem das Espécies*, de Charles Darwin, questionou pontos de vista consagrados como o da Criação, a hierarquia da Igreja recusou-se a mudar a sua posição sobre a verdade textual da história da criação no Velho Testamento.

O liberalismo e o livre-pensamento, que substituíam a obediência cega à autoridade, questionavam a adesão pessoal à Igreja. A sociedade estava se tornando menos dogmática e mais secular.

A Igreja Católica chegou a ser associada à velha ordem mundial e alguns governos até mesmo adotaram uma posição anticatólica. Muitas pessoas abandonaram a crença em Deus. Na metade do século XIX, os católicos da Europa formavam um grupo fracionado e inseguro.

Algo precisava ser feito e Pio IX assumiu o controle da tarefa imediata. Pio IX era um papa forte, que produziu mudanças importantes na Igreja ao longo do seu pontificado, de 1846 a 1878.

Pio IX não era um intelectual e afastou os que queriam que a Igreja se abrisse para os novos métodos eruditos e reconhecesse os novos movimentos democráticos e sociais, incluindo a liberdade de prática religiosa. No entanto, ele era um homem piedoso, cativante, caridoso e — acima de tudo — encantadoramente persuasivo, comprometido com a solidariedade da Igreja.

Pio IX trabalhou com afinco para ajudar os bispos a lidar com os governos locais, deslocar a liderança de muitas ordens religiosas para Roma e para manter as terras dos Estados Papais, apesar dos esforços da recém-constituída república italiana para tomar posse delas. Ele teve a coragem de resistir aos líderes políticos e aos que se opunham ao seu papado, e muitos na Igreja se reagruparam ao redor da sua força. (Em 1870, o líder italiano Garibaldi reduziu as terras de propriedade da Igreja para a área que constitui a atual Cidade do Vaticano, no coração de Roma. A Cidade do Vaticano é um estado papal independente.)

Em dezembro de 1869, Pio IX convocou um concílio geral, conhecido como o Concílio Vaticano I, para promulgar a doutrina de infalibilidade papal. Apesar dos protestos de prelados liberais que acreditavam que a Igreja deveria se concentrar na modernização, os pontos de vista conservadores do papa e dos partidários dele prevaleceram, e a infalibilidade papal foi aprovada em votação.

Na época da morte de Pio IX, a Igreja achava-se praticamente em guerra contra a sociedade. No entanto, Pio IX havia fortalecido a Igreja internamente. A comunidade tinha recuperado a sua devoção e as ordens religiosas prosperavam uma vez mais. A importância dos sacramentos, a reafirmação de Cristo tanto como Deus quanto como homem e um verdadeiro sentido do sobrenatural continuariam iluminando a vida espiritual da maioria dos católicos.

Só praticamente um século depois foi que a igreja empreendeu sérios esforços para a modernização (veja o Número 26, Concílio Vaticano II: mudanças drásticas).

25
Revoluções no fim do século XIX e no século XX

As atitudes reacionárias que o Concílio Vaticano I estabeleceu não puderam ajudar a Igreja a lidar com as convulsões sociais e políticas do final do século XIX e no século XX. A Igreja precisava criar novas políticas e grupos para lidar com os assuntos do momento.

A Revolução Industrial no século XIX foi um dos movimentos que impulsionaram a civilização ocidental para a época moderna e criaram muitos problemas, incluindo a opressão das classes trabalhadoras. Enquanto a necessidade de trabalho industrial aumentava, famílias inteiras deixavam o campo e as cidades pequenas para trabalhar em usinas e fábricas. As condições de vida nas cidades grandes tornaram-se horrendas: grandes populações se amontoavam em favelas e as condições de trabalho não eram melhores. Os trabalhadores não tinham direitos e nenhuma proteção. O trabalho infantil era comum.

A Igreja interferiu para aliviar o sofrimento dos trabalhadores durante essa época, proporcionando serviços sociais, levando a religião à vida dos trabalhadores e apoiando publicamente os direitos dos trabalhadores. Em 1891, o papa Leão XIII emitiu a *Rerum Novarum*, uma encíclica importante sobre os direitos dos trabalhadores que sustentava o direito individual à propriedade privada e definia a família como a unidade social primária. Segundo a declaração, os trabalhadores tinham direito a um salário para viver e o direito de se organizar para melhorar as suas condições. A *Rerum Novarum* também deixou claro que a Igreja era favorável aos sindicatos.

No século XX, os papas tentaram manter um curso neutro pelos turbilhões políticos do fascismo, do comunismo e das duas guerras mundiais. Bento XV era totalmente contra a Primeira Guerra Mundial e achou-a totalmente injustificável. No entanto, manteve uma postura de neutralidade e não saiu publicamente contra a guerra por temer que os católicos se prejudicassem caso imitassem a sua posição. Como resultado dessa neutralidade, todos os lados indignaram-se com ele ao final da guerra.

Pio XI assistiu à ascensão de Hitler e Mussolini e das suas ditaduras, que representaram uma ameaça à Igreja Católica. Nas encíclicas que emitiu, Pio XI denunciou o regime nazista assim como o racismo e o anti-semitismo, mas faleceu em fevereiro de 1939, antes de os acontecimentos da Segunda Guerra Mundial realmente começarem a se desenrolar.

Pio XII, o sucessor dele, manteve a neutralidade durante a Segunda Guerra Mundial. Embora seja criticado hoje por não ter se expressado com a devida ênfase contra as atrocidades cometidas pelo regime nazista e outros regimes fascistas, ele fez alguns esforços em prol dos judeus. O Vaticano também manteve um esforço grandioso e dispendioso de socorro e assistência durante a guerra e criou um abrangente programa para encontrar as pessoas desaparecidas.

A Igreja havia resistido a muitas questões mundiais graves no final da primeira metade do século XX e não demoraria muito para que, na segunda metade do século, passasse ela própria por extensas mudanças internas.

∞ 26 ∞

Concílio Vaticano II: mudanças drásticas

A Igreja experimentou as mudanças mais drásticas depois da eleição do papa João XXIII, em 1958. Graças à influência de João XXIII, o catolicismo finalmente se modernizou. João introduziu uma nova era de tolerância, abertura e diálogo na Igreja ao convocar um concílio geral que transcorreu em quatro sessões, de 1962 a 1965. Esse concílio é conhecido como Vaticano II.

João XXIII estabeleceu o tom do concílio ao expressar otimismo e crença em que todos os integrantes da Igreja, especialmente os bispos, poderiam iniciar o diálogo dentro da Igreja, com outras religiões cristãs e com grupos não religiosos de todos lugares. A meta de todo esse diálogo era encontrar áreas de concordância e tentar resolver problemas comuns.

João XXIII pediu aos bispos do mundo inteiro para estabelecer a agenda do concílio e ter uma influência participativa tão grande ou maior que a Cúria na determinação de questões e orientações. Nesse concílio, pela primeira vez, prevaleceram os liberais. Embora o papa João XXIII tenha morrido antes de o concílio se encerrar, o sucessor dele, Paulo VI, manteve o mesmo espírito.

O Concílio Vaticano II possibilitou muitas mudanças importantes. Por exemplo, a liturgia atualmente é administrada no idioma vernáculo dos paroquianos de cada igreja e não em latim, de forma que o serviço seja acessível a todos os leigos, que passaram a ter a oportunidade de participar inteiramente.

Durante séculos, os textos da Igreja concentravam-se em quem tinha o poder sobre quem. A Igreja enfatizava a importância da hierarquia: o papa acima dos bispos, os bispos acima do clero, o clero acima dos leigos. Desde o Concílio Vaticano II, porém, o poder repousa no sacerdócio comum dos fiéis, e a função do clero é definida como um serviço para a comunidade da Igreja. O papel dos leigos foi também consideravelmente ampliado.

A Igreja mudou ainda a sua postura com relação às outras denominações cristãs em conseqüência do Concílio Vaticano II. Não era mais a meta da Igreja tentar converter os protestantes ao catolicismo. Em vez disso, a Igreja reconhecia o *status* de todas as comunidades protestantes, desculpava-se por contribuir para a desunião entre os cristãos e pelos erros cometidos durante a Contra-Reforma (um período de revitalização na Igreja Católica Romana, de meados do século VI A.D. até a época da Guerra dos Trinta Anos, 1618-1648) e incitava todas as comunidades cristãs a trabalharem para resolver os problemas sociais em conjunto.

Textos que antes eram aceitos como revelação divina a uma pessoa e, por conseguinte, seguidos rigidamente, estiveram sujeitos a novas interpretações durante esse período. A Igreja admitiu que as obras escritas são sempre influenciadas pelo contexto histórico e podem não ter muita relevância para as gerações seguintes.

Em vez de expressar ceticismo, ou até mesmo condenação, com relação a novas formas de governo ou movimentos sociais, a Igreja atualmente está mais aberta para aceitá-los e compreendê-los. A sua nova posição é um serviço para a humanidade; ela se comprometeu a trabalhar com todos os grupos em defesa da dignidade e dos direitos humanos.

Desde o Concílio Vaticano II, a Igreja continua a passar por ondas sucessivas de mudança. A nova liturgia, o questionamento da autoridade da Igreja e as mudanças no papel de padres e dos outros integrantes do clero têm provocado seguidas reflexões no meio eclesiástico. Além do questionamento da autoridade, mais católicos vieram a perceber a importância da consciência individual e da responsabilidade moral que as pessoas têm de tomar decisões que influenciam as suas ações.

Atualmente, as controvérsias em torno do celibato sacerdotal, do controle da natalidade, do divórcio e da ordenação de mulheres continuam inflamando as discussões eclesiásticas. É justo que os católicos não possam voltar a casar depois do divórcio enquanto o primeiro cônjuge continue vivo? É errado praticar o controle da natalidade quando um casal já tem o número de filhos que pode criar? A Igreja como um todo atualmente tem mais condescendência pelas pessoas que se encontram nessas situações. Uma coisa é certa: o diálogo está bem vivo na Igreja atual.

27
Mudança de autoridade na Igreja

O Concílio Vaticano II provocou uma grande revolução dentro da Igreja. Antigamente, uma determinação que fosse emanada do topo da hierarquia era lei. Depois do Concílio Vaticano II, porém, os clérigos e leigos católicos passaram a questionar essa autoridade. Forças de dentro da Igreja queriam que as decisões fossem mais democráticas. No entanto, não houve bastante apoio por parte da hierarquia da Igreja para esses tipos de mudança.

Um dos problemas que a Igreja enfrenta como resultado das mudanças pós-Concílio Vaticano II é o declínio no número das pessoas dispostas a desenvolver as vocações de padre, freira e irmão, o qual teve início no final da década de 1960 e no início da de 1970. A razão para esse declínio não é óbvia — não tem a ver com o voto de celibato. Na realidade, há evidências de que o problema reside na relação inconstante entre o clero e os leigos.

Depois do Concílio Vaticano II, a Igreja proclamou o sacerdócio de todos os leigos. Embora essa nova postura fosse benéfica para os católicos leigos, que passaram a se sentir mais envolvidos com a Igreja, os integrantes do clero perderam parte da sua posição especial como mediadores entre os leigos e Deus. O aumento da participação de todos os fiéis nos sacramentos começou a colidir com as funções ministeriais do clero.

Entretanto, a troca de funções também foi benéfica. A Igreja começou a perceber que os padres não são super-humanos. Eles precisam de férias, de um plano de aposentadoria, de amigos em que possam confiar e interesses pessoais que os revigorem e permitam, a exemplo dos outros seres humanos, fazer um trabalho melhor. O reconhecimento do caráter humano e da necessidade de apoio dos padres, assim como uma enérgica tentativa de ajudar os homens a discernir se são adequados para o papel sacerdotal, ajudou a reduzir o isolamento experimentado por muitos padres. Também promoveu uma visão mais saudável e realista do clero entre os leigos.

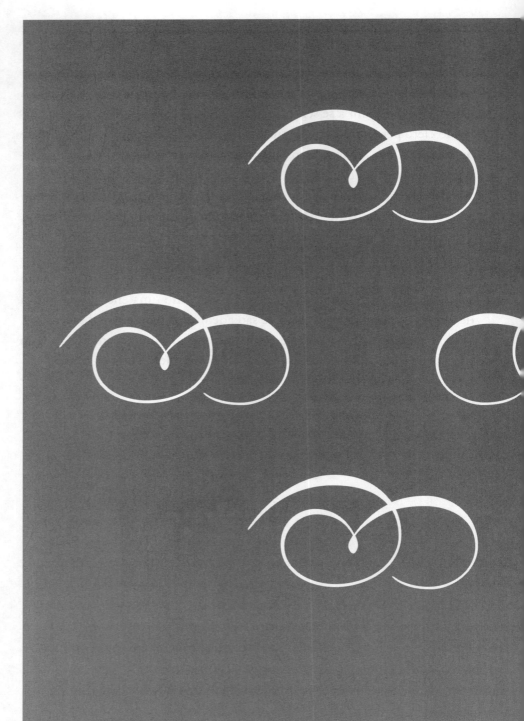

Segunda Parte

CRENÇAS ESSENCIAIS

Além de ser uma fé, o catolicismo é também um sistema de crenças. As crenças ensinadas pela Igreja como sendo transmitidas por Deus são chamadas dogmas. No entanto, uma vez que a Igreja Católica é uma entidade viva, em crescimento, essas crenças foram interpretadas e moldadas por gerações de homens santos e teólogos ao longo dos 2 mil anos de história da Igreja. Embora aberta às mudanças que vieram com os tempos, a Igreja Católica também ensina que esses dogmas básicos sempre foram verdadeiros.

As crenças ensinadas pela Igreja que não são dogmas são chamadas doutrinas. As doutrinas podem ser mudadas sob novas circunstâncias, e novas doutrinas podem surgir de tempos em tempos.

A Igreja Católica tem quatro princípios básicos que se aplicam ao seu sistema de crenças como um todo: tradição, universalidade, razão e analogia.

A tradição inclui todos os ensinamentos contidos na Bíblia, ao passo que a universalidade é a receptividade a todas as verdades, independentemente de uma cultura em particular e irrestrita a todos os seres humanos.

Os dois princípios restantes, a analogia e a razão, são aplicados na tentativa de compreender os mistérios católicos. A analogia é um recurso comum da lógica que nos ajuda a compreender Deus por meio do nosso conhecimento do mundo criado; a razão e a filosofia ocupam ambas um lugar de destaque no pensamento da Igreja.

28

O QUE É CATECISMO?

Catecismo significa literalmente "instrução de viva voz". Tecnicamente falando, um catecismo é um manual da doutrina e um sistema de educação redigido na forma de perguntas e respostas, usado como um sistema estabelecido e estável de educação. (Essa tradição há muito estabelecida remonta a Sócrates. Os Evangelhos mostram como Jesus Cristo muitas vezes usava perguntas e respostas como parte do Seu método de ensino.) Com certeza, quando usado dentro das paróquias para a educação de crianças ou convertidos, o catecismo é exatamente isso. Mas os catecismos para uso popular são versões locais de um Catecismo oficial, escrito com a autoridade genuína da Santa Sé, em Roma. Esse Catecismo é destinado ao aperfeiçoamento religioso especial dos bispos.

O primeiro Catecismo oficial é conhecido como o *Catecismo Romano*. A sua formulação começou em 1562, no Concílio de Trento, o concílio que se reuniu em reação à crise da Reforma Protestante, e foi concluído em 1564. Editado por são Pio V, era dirigido aos padres.

Em 1870, depois do Concílio Vaticano I, foi publicada uma nova obra. Ainda depois, em 1962, o Concílio Vaticano II conduzido pelo papa João XXIII invocou um espírito de renovação e inaugurou um projeto em larga escala que adotou uma nova postura perante o Catecismo. Finalmente concluído em 1977, ele foi publicado sob a égide do papa João Paulo II.

O prólogo do novo Catecismo começa com uma observação de alegria: "Deus, infinitamente perfeito e abençoado em Si Mesmo, em um plano de pura bondade livremente criou o homem para compartilhar com Ele a Sua própria vida abençoada". A partir desse princípio básico, segue-se o sistema de crenças católico e a sua instrução.

Uma vez que a Igreja Católica é erigida sobre a tradição, o material é estruturado em quatro partes, de modo semelhante ao Catecismo de Pio V. Ele inclui a profissão de fé (incluindo o Credo Niceno); a celebração do mistério cristão (incluindo a liturgia e os sacramentos); a vida em Cristo (o estilo de vida católico, incluindo os Dez Mandamentos); e a oração cristã (a importância, relevância e santidade da oração).

Dentro dessas partes, o material é apresentado de uma maneira que responde às perguntas da época. Cada elemento da vida e das crenças católicas, da sucessão apostólica aos assuntos de ambigüidade moral, é considerado.

∞ 29 ∞

A NATUREZA DUAL DE CRISTO: HUMANA E DIVINA

Uma das doutrinas mais básicas da Igreja é a idéia de que os seres humanos alcançam a salvação por meio da graça divina, em que as bênçãos divinas são uma expressão do amor de Deus.

A graça de Deus é expressa por meio da natureza dual de Cristo (homem e Deus) e a trindade de pessoas em Deus (veja o Número 30). Esses dois mistérios são fundamentais para a crença católica e os ensinamentos da Igreja sobre Deus.

No seu leito de morte, pouco antes de receber a Santa Eucaristia, santo Tomás de Aquino, considerado um dos pais da Igreja, disse: "Se neste mundo há algum conhecimento desse sacramento mais forte do que o da fé, desejo agora usá-lo em afirmação de que acredito firmemente e sei como certo que Jesus Cristo, o Verdadeiro Deus e o Verdadeiro Homem, Filho de Deus e Filho da Virgem Maria, está neste Sacramento".

Santo Tomás afirma a humanidade de Cristo, que Jesus nasceu e morreu como homem, com qualidades e defeitos de homem. E ainda assim ele também afirma a divindade de Jesus, reconhecendo que o homem que viveu entre nós 2 mil anos atrás foi realmente uma pessoa divina, uma pessoa de Deus, que fez a Si mesmo à nossa semelhança por um breve período de tempo.

A Igreja Católica ensina que é uma grande dádiva para nós que Cristo tenha vivido entre nós, tenha sido um de nós e tenha tomado para si o fardo da expiação dos nossos pecados. Os católicos acreditam que o mundo é essencialmente bom mas que tenha caído em desfavor, ou perdido a "presença divina", no pecado original. Como resultado dessa abjuração, o mundo precisa ser redimido por Deus em Cristo.

Jesus de Nazaré não foi o único homem que viajou pelo interior do seu país pregando sermões e instruindo as pessoas no Caminho de Deus. Como, então, os Seus seguidores vieram a saber que Ele era o Cristo? Eles souberam por causa das profecias do Velho Testamento e os milagres que Jesus praticou quando esteve entre eles.

A identidade de Jesus foi revelada no batismo. Quando Ele saiu da água do rio Jordão, os Céus se abriram, "e o Espírito como uma pomba [desceu] sobre Ele. E uma voz se ouviu partindo dos Céus, "Tu és meu Filho amado; em ti me comprazo" (Marcos 1:11). Nesse momento, Jesus foi proclamado o Messias.

Está registrado no Evangelho de João, Capítulos 1-11, que Jesus realizou 35 milagres; desses, sete foram "sinais" que demonstraram que Jesus era o Cristo. O primeiro dos sinais — e portanto o mais importante deles — foi o milagre no banquete de casamento em Caná, onde Jesus transformou a água em vinho. Os outros seis sinais de Jesus são a cura do filho de um funcionário real; a cura de um paralítico que era incapaz de andar havia 38 anos; a alimentação de 5 mil pessoas com apenas cinco pães e dois peixes; caminhar sobre o mar para acalmar os discípulos, que temiam que o barco onde estavam afundasse; a cura de um cego aplicando barro misturado com a própria saliva sobre os olhos dele e dizendo para ir se lavar em um lago; e o retorno de Lázaro dentre os mortos. (Este último milagre convenceu muitos líderes religiosos, que começaram a seguir Jesus e os Seus ensinamentos.)

Na opinião da Igreja Católica Romana, os milagres demonstram tanto a compaixão de Cristo quanto o poder do Deus vivo. Eles são símbolos potentes que mostram como Jesus ajudou os Seus seguidores a compreender o que Ele estava fazendo. Os milagres persuadiram os discípulos de que Jesus era o filho de Deus na Terra. O fato de assumir a forma humana não significa que Jesus não fosse o verdadeiro Deus ao mesmo tempo, nem é verdade que por ser Deus Ele fosse menos humano, conforme muitas heresias apregoaram. O fato de que o Filho de Deus era tanto Deus quanto homem é um dos mistérios centrais da fé Católica.

A Igreja explica que, por meio da Encarnação de Deus na forma humana, "a natureza humana foi assumida, não absorvida" *(Gaudium et spes, 22:2)*. Cristo tinha um corpo humano, alma, intelecto e vontade, que pertenciam à pessoa divina, o Filho de Deus, que as assumiu. Com uma alma e um conhecimento verdadeiramente humanos, Cristo precisaria aprender por meio da investigação e da experiência assim como os outros homens. A Igreja ensina que Ele amou toda a humanidade com o Seu coração terreno, o que levou à veneração do Sagrado Coração de Jesus.

Como divindade, Cristo sabia e manifestava tudo o que pertencia a Deus. Por exemplo, Jesus podia saber o que se passava no coração de alguém (Marcos 2:8; João 2:25).

30
O MISTÉRIO DA SANTÍSSIMA TRINDADE

A Igreja Católica considera o mistério da Santíssima Trindade — três pessoas em um Deus — como um dos mistérios centrais da fé. É o mistério sobre a natureza do próprio Deus e a fonte de todos os outros mistérios da fé, porque Deus é a fonte de toda a Criação.

O Catecismo da Igreja Católica explica um mistério como algo que está "oculto em Deus, que nunca pode ser conhecido a menos que... revelado por Deus". É algo que é difícil de compreender, "que é inacessível à razão propriamente dita", de acordo com o Catecismo, ainda que seja um artigo central da fé católica.

O conhecimento da unidade de Deus foi transmitido por meio das revelações divinas aos homens, conforme é relatado no Velho Testamento. Deus disse a Israel, a nação escolhida por Ele: "Ouve, ó Israel! O SENHOR é o teu Deus, o único SENHOR! Amarás, pois, ao SENHOR teu Deus de todo o teu coração, de toda a tua alma e com todas as tuas forças" (Deuteronômio, 6:4-5).

Deus revelou a Si mesmo ao povo de Israel progressivamente, ao longo do tempo, mas uma das revelações mais importantes da Velha e da Nova

Aliança foi quando Ele contou o Seu nome divino a Moisés quando apareceu a ele na sarça ardente: "Eu sou quem sou... Esse é o meu nome para sempre" (Êxodo, 3:14-15). O nome divino é misterioso e a Igreja acredita que expressa Deus como infinitamente além de toda a compreensão humana.

Desde os primeiros dias da Igreja, os Apóstolos se referiam à Santíssima Trindade de Deus. Os pais da Igreja ajudaram os primeiros concílios da Igreja a esclarecer a teologia da Santíssima Trindade, até que, finalmente, a Igreja declarou o dogma da Santíssima Trindade. (Veja a Introdução desta parte com relação a dogma e doutrina; a Igreja *declara* dogmas e *desenvolve* doutrinas.)

O dogma da Santíssima Trindade consiste em três partes:

1. A Trindade é uma Unidade. A Igreja não acredita em três deuses, mas em um Deus em três pessoas. Essas pessoas não dividem uma divindade — cada uma delas é Deus, completa e absolutamente.
2. As pessoas divinas são realmente distintas umas das outras. Pai, Filho e Espírito Santo não são simplesmente nomes para diferentes aspectos de Deus. Em vez disso, eles são pessoas distintas com origens distintas e papéis especiais. Deus Pai é o Criador ou a Origem; Deus Filho é o Redentor; Deus Espírito Santo é o Defensor e o Professor.
3. As pessoas divinas ligam-se entre si e se distinguem pela maneira como se ligam uma com a outra. De acordo com o IV Concílio de Latrão (1215), é o Pai que gera, o Filho que é gerado e o Espírito Santo que se origina. "O Pai está ligado ao Filho, o Filho ao Pai e o Espírito Santo a ambos" (Concílio de Florença, c. 1438).

Com o tempo, essa crença acabou por se encerrar no culto central da Igreja, a liturgia da Eucaristia. A cada Missa, o padre oferece esta bênção: "A graça do Senhor Jesus Cristo, o amor de Deus e a comunhão do Espírito Santo estejam com todos".

O amor de Deus é eterno. "Pois que com amor eterno te amei", disse Deus ao Seu povo por intermédio de Jeremias (31:3). A Igreja ensina que Deus não só nos ama, "Deus é amor" (1 João 4:8, 16). De acordo com o Evangelho de João, Deus é uma transmutação de amor entre o Pai, o Filho e o Espírito Santo, e os seres humanos estão destinados a compartilhar dessa transmutação.

31
Providência divina e livre-arbítrio

De acordo com as Escrituras, a Criação é uma obra da Santíssima Trindade. Sendo o criador da Sua obra, Deus está presente em todas as Suas criaturas. "Nele vivemos, e nos movemos e temos o nosso ser", escreveu Santo Agostinho. Deus está conosco para nos defender e sustentar, permitindo-nos agir e ajudando-nos a alcançar a salvação. Os católicos acreditam que o reconhecimento da nossa total dependência com relação ao nosso criador é a fonte de sabedoria, alegria e confiança.

A Criação não é perfeita. A Igreja fala dela como sendo uma jornada. Deus orienta as Suas criaturas na Sua jornada por meio da divina providência. Essa é a maneira como Ele governa a criação. A escritura ensina que essa providência é concreta e imediata, e que Deus se preocupa com todos nós, do maior ao menor, aqui e agora. Jesus ensinou aos Seus seguidores a não se preocupar: "Portanto, não vos inquieteis, dizendo: 'Que havemos de comer?' ou: 'Que havemos de beber?' ou: 'Com que nos havemos de nos vestir?'... Porque vosso Pai Celestial sabe que precisais de tudo isso. Mas buscai primeiro o reino [de Deus] e a Sua justiça, e todas essas coisas vos serão acrescentadas" (Mateus 6:31-33).

É preciso humildade e fé para começar a sentir ou se aproximar do poder de Deus. A Virgem Maria modelou a sua fé com as suas palavras: "Nada será impossível com Deus".

A fé católica aceita que o poder de Deus é misterioso e nem sempre compreendemos os Seus caminhos. Os seres humanos geralmente questionam por que Deus, que criou o mundo e se preocupa com tudo o que há nele, permite que existam o mal e o sofrimento. A resposta a essa pergunta complicada reside no fato de que Deus também garantiu aos seres humanos o livre-arbítrio para agir por vontade própria, para tomar as próprias decisões e se relacionar entre si da maneira que quiserem. O mal físico, o sofrimento, a doença e as calamidades naturais existem porque o mundo ainda se encontra em alteração contínua e ainda não é perfeito. O mal moral, que é considerado como algo muito pior do que o mal físico, também existe porque os seres humanos e os anjos, ambos criaturas inteligentes com livre-arbítrio, têm o poder de fazer escolhas e, portanto, de se desviar do caminho.

É verdade que Deus permite o mal e o sofrimento no mundo — Ele até mesmo permitiu que o Seu próprio Filho sofresse e fosse crucificado. No entanto, a Igreja ensina que Deus, por intermédio da Sua providência, pode vencer o sofrimento e extrair o bem do mal, até mesmo de um mal moral causado pelas Suas criaturas. Do assassinato de Cristo, causado pelos pecados de todos os seres humanos, Deus efetuou a Sua glorificação e a redenção da humanidade.

32

Deus Pai

Muitas religiões têm uma imagem de Deus Pai e a Igreja Católica não é uma exceção. Ela ensina que Deus é a origem e o Criador de tudo, e Ele oferece proteção e amor piedoso para todos os Seus filhos. No Velho Testamento, Deus é chamado de Pai porque Ele criou o mundo. Nas imagens do Livro do Êxodo, Deus Pai fez uma aliança e deu as Suas Leis a Israel, o Seu primogênito (Êxodo 4:22).

As qualidades de Deus conforme revelado no Velho Testamento são compaixão e misericórdia: "Não executarei o furor da minha ira... Porque eu sou Deus e não homem, o Santo no meio de ti" (Oséias 11:9). Quando Moisés conduziu os israelitas para fora do Egito e eles mais tarde passaram a adorar o bezerro de ouro, Deus ouviu as preces de Moisés e concordou em caminhar no meio dos infiéis para demonstrar o Seu amor. "SENHOR, SENHOR, Deus misericordioso e compassivo, tardio em irar-se e grande em beneficência e verdade" (Êxodo 34:6).

A Igreja acredita que Deus é único e que Ele fez o Céu e a Terra. Ele transcende a palavra e a história, e Ele é paciente e imutável. Ele permanece sempre fiel. De acordo com a tradição e as Escrituras hebraicas, a Igreja acredita que "Deus é a plenitude do Ser e de toda a perfeição, sem começo e sem fim. Todas as criaturas recebem Dele tudo o que são e o que têm. Mas Ele sozinho é o Seu próprio ser, e Ele é tudo o que é por Si mesmo" (Catecismo da Igreja Católica, I, II, 213).

O Deus das Escrituras também é conhecido pela Sua verdade. Conforme proclamam os Salmos, "A soma da tua palavra é a verdade, e cada uma das tuas justas ordenanças dura para sempre" (Salmos 119:160). A Igreja ensina que Deus é a verdade em si e que Ele não pode nunca decepcionar, portanto os fiéis podem confiar plenamente na Sua Palavra em todas as questões. A verdade de Deus é sinônimo da Sua sabedoria, que Ele pode dividir entre os seres humanos por meio da revelação. Deus, que criou o Céu e a Terra, conhece tudo o que criou. Tudo o que Ele revela é instrução verdadeira, e Ele enviou o Seu Filho para o mundo "dar testemunho da verdade" (João 18:37).

A Igreja ensina que a única razão de Deus para estabelecer uma aliança com o povo de Israel foi o Seu amor puro, espontâneo. Por causa desse amor, Deus nunca parou de socorrer e perdoar os israelitas. As Escrituras caracterizam o amor de Deus pelo Seu povo como ilimitado e eterno. O amor de Deus triunfou sobre as piores infidelidades. O Seu amor por nós é porque Deus nos deu o Seu dom mais precioso: "Deus amou o mundo de tal maneira que deu o Seu Filho unigênito" (João 3:16).

No credo católico, Deus é mencionado como "o Todo-poderoso". Esse adjetivo se refere à Sua onipotência, ou poder e força universal — Deus criou tudo. Ele a tudo governa e tudo pode fazer. O Seu poder é clemente e misterioso. Deus revela o Seu poder clemente pelo modo magnânimo como cuida dos Seus filhos e pela Sua compaixão, pois Ele exibe o Seu poder não pela vingança mas pelo perdão.

Para a Igreja Católica, Deus é Pai porque Ele é a origem de todas as coisas e a autoridade suprema. Além disso, Deus é Pai com relação ao Seu Filho, Jesus Cristo.

33

DEUS FILHO

O primeiro concílio ecumênico de Nicéia decretou que o Filho é "consubstancial" com o Pai; quer dizer, Ele é um Deus com Ele. Jesus é o Filho "unigênito" de Deus, "Deus verdadeiro do verdadeiro Deus, gerado não feito" (Credo Niceno).

Mas o que tudo isso significa, e como se liga a uma compreensão de Jesus Cristo? Os católicos acreditam que Jesus de Nazaré, o carpinteiro que nasceu em Belém durante a época do rei Herodes, o Grande, e que foi crucificado sob as ordens do procurador Pôncio Pilatos, também é a segunda pessoa da Trindade. O Evangelho de Mateus relata que são Pedro uma vez disse a Jesus: "Tu és o Cristo, o Filho do Deus vivo" (Mateus 16:16). Os católicos acreditam que Jesus foi o Filho do Pai; Ele sofreu e morreu pela raça humana, ressuscitou e vive com os homens para sempre. Essa mensagem está no cerne de todos os ensinamentos da Igreja.

A Igreja ensina que Jesus tornou-se homem para salvar os humanos reconciliando-os com Deus, de modo que pudessem conhecer o amor de Deus, e também ser um modelo de santidade. Pela imitação de Cristo e pela Sua proximidade, as pessoas podem também participar da natureza divina. O fato de Deus assumir forma humana é conhecido como Encarnação. A Encarnação, que literalmente significa "fazer-se carne", explica o que aconteceu quando Jesus assumiu uma forma corpórea e a condição humana. Compreender o conceito da Encarnação é essencial no sistema de crenças católico.

O nome *Jesus* é uma palavra hebraica que significa "Deus salva". A Igreja ensina que Deus não se contentava apenas em salvar os hebreus da literal escravidão ou dominação por outra nação. Ele também queria salvá-los dos seus pecados, e a morte do Seu Filho reparava os pecados da humanidade. Os seres humanos devem ser conscientes da sua necessidade de salvação e devem invocar o seu Redentor — é por isso que o nome de Jesus está no centro de toda oração católica.

O título *Cristo* é o equivalente grego da palavra hebraica *Messias*, o "ungido". Em Israel, as pessoas consagradas a Deus — incluindo reis, sacerdotes e profetas — são ungidos com óleo. Jesus era as três coisas: o Rei dos Reis, um sacerdote e um profeta do Novo Reino. Muitos judeus esperavam que Jesus fosse o Messias há muito prometido que os libertaria da servidão literal, ou política, mas o reino de Cristo não era temporal. Conforme Jesus disse a Pedro, "o Filho do Homem não veio para ser servido, mas para servir, e para dar a sua vida em resgate de muitos" (Mateus 20:28).

Jesus também foi conhecido pelo título de *Senhor*, em reconhecimento ao Seu poder divino. Uma vez que Jesus era um ser tanto humano quanto divino, a Igreja aceita e admite os mistérios da vida de Cristo que não podem ser inteiramente explicados. Os mistérios da Encarnação, que tem a ver com o início da vida de Jesus, incluem a concepção pelo poder do Espírito Santo e o nascimento de uma virgem, Maria, que é venerada como a Santa Mãe de Deus. Os assim chamados mistérios pascais, que têm a ver com o fim da vida de Jesus, incluem a Paixão, a Crucificação, a morte, o sepultamento, a descida ao Inferno, a Ressurreição e a Ascensão. Esses dois conjuntos de mistérios, girando em torno do Natal e da Páscoa, esclarecem o propósito da vida terrena de Jesus: a revelação do Pai e a redenção da humanidade.

Os mistérios do início da vida de Jesus contêm importantes lições para a Igreja:

1. **O nascimento de Jesus em um estábulo humilde.** Uma das condições para um fiel entrar no Reino de Deus é se humilhar como filho de Deus.
2. **A circuncisão de Jesus.** Oito dias depois do Seu nascimento, Jesus foi circuncidado segundo o pacto de Abraão e foi, portanto, sujeito à Lei que Deus tinha dado aos hebreus. A circuncisão prefigurou o batismo, um sacramento que lembra aos católicos que eles estão sujeitos à Lei de Deus e aos ensinamentos de Cristo.
3. **O banquete da Epifania (a chegada de três sábios com presentes ao menino Jesus).** Os sábios representavam as nações pagãs vi-

zinhas que iriam levar a boa notícia sobre o Messias, conforme estava previsto no Velho Testamento.
4. **A apresentação do jovem Jesus no templo.** Nessa ocasião, Simeão e Ana reconheceram que Jesus era o Salvador. Simeão e Ana prefiguravam todos os outros que ouviriam as palavras de Jesus e O reconheceriam como Deus.
5. **A fuga da família sagrada para o Egito e o massacre dos inocentes por Herodes.** Essa tragédia caracterizou a oposição das trevas à luz e o tipo de perseguição que Jesus sofreu durante toda a Sua vida. Os Seus seguidores também sofreriam a perseguição juntamente com Ele.
6. **Maria e José encontram Jesus no templo com a idade de 12 anos, discutindo as Escrituras com os sábios.** Esse acontecimento prenuncia a Sua missão — que Ele deveria se ocupar dos trabalhos do Seu pai (Lucas 2:49).

A Igreja nos ensina que toda a vida de Jesus, e não somente a Sua morte, foi dedicada à redenção da humanidade. Por tornar-se pobre, Ele enriqueceu a humanidade; como um filho obediente, Ele supriu a falta de obediência dos seres humanos. As Suas palavras purificavam os ouvidos dos que O ouviam; as Suas curas e dedicação aos espíritos impuros foi a maneira que Ele encontrou de enfrentar as fraquezas dos homens; e a Sua Ressurreição justificou a existência humana. Ele existiu apenas para a salvação dos seres humanos e para se tornar um modelo para eles.

Deus Espírito Santo

Jesus é considerado como sendo o primeiro Paracleto (defensor), implorando a Deus pelo bem da humanidade. Antes de regressar ao Céu para unir-se ao Pai, Ele disse aos Seus seguidores que um segundo Paracleto, o Espírito, seria enviado para tratar com os Apóstolos para guiá-los e permaneceria com a humanidade até o Dia do Julgamento. Existindo desde a criação, o Espírito é a terceira pessoa de Deus. De acordo com a Igreja, as pessoas só podem se aproximar de Cristo se forem tocadas pelo Espírito Santo, que confere a Sua graça por meio do sacramento do Batismo.

A Igreja reconhece Deus Pai como a fonte de toda divindade. Portanto, o Espírito Santo, a terceira pessoa da Trindade, é o mesmo que Deus Pai e o Filho. Eles são todos a mesma substância e têm a mesma natureza. Em 1438, o Concílio de Florença explicou: "O Espírito Santo está eternamente ligado ao Pai e ao Filho; Ele tem a Sua natureza e subsistência ao mesmo tempo do Pai e do Filho. Ele provém eternamente de ambos como um único princípio e por meio de uma única inspiração".

O Espírito age de modo invisível. Ele inspirou os profetas e hoje inspira outros aspectos da fé, tais como os sacramentos, que põem os fiéis em comunhão com Cristo; a oração, na qual Ele intercede pelos fiéis; os ministérios e as missões; e os santos, por meio dos quais Ele mostra a Sua santidade.

O Espírito Santo tem uma missão conjunta com Cristo. O mundo viu Cristo, mas foi o Espírito que O revelou. Cristo foi ungido, mas foi pela vinda do Espírito sobre Ele que Ele foi ungido. Cristo e o Espírito são inseparáveis. Quando Cristo ascendeu ao Céu, Ele enviou o Espírito Santo para viver entre a humanidade para unir todos em Cristo como filhos adotados. Em Pentecostes, o Espírito desceu sobre os Apóstolos e Ele permanece com a Igreja desde então. A igreja conclui a missão de Cristo e do Espírito Santo porque de uma maneira misteriosa a Igreja é o Corpo de Cristo assim como o Templo do Espírito Santo.

O Espírito opera de muitas maneiras, preparando os seres humanos pela graça para aproximá-los de Cristo; manifestando o Senhor Ascenso aos seres humanos pela disseminação da Sua palavra e ajudando-os a compreender os mistérios da fé; tornando Cristo presente, especialmente na Eucaristia; e levando os seres humanos à proximidade de Deus.

35
Os nomes e os símbolos do Espírito

No Velho Testamento, há duas correntes de profecias: uma sobre o Messias e outra sobre o Espírito Santo. O Espírito fala de Si Mesmo por meio dos profetas: "Então brotará um rebento do tronco de Jessé, e das suas raízes um renovo frutificará. E repousará sobre ele o Espírito do SENHOR, o espírito de sabedoria e de entendimento, o espírito de conselho e de fortaleza, o espírito de conhecimento e de temor do SENHOR" (Isaías 11:1-2).

O último profeta pelo qual o Espírito Santo falou foi João Batista. João disse sobre Cristo: "Aquele sobre quem vires descer o Espírito, e sobre ele permanecer, esse é o que batiza com o Espírito Santo" (João 1:33). Depois do batismo, Cristo ingressou na Sua missão conjunta com o Espírito Santo. Ele fez alusões ao Espírito quando pregava às multidões, quando falou a Nicodemo e à mulher samaritana e quando contou aos discípulos sobre a oração e o futuro testemunho deles em relação a Ele.

O Espírito Santo recebeu muitas denominações. Conforme mencionado anteriormente, o Espírito é conhecido como *Paracleto,* palavra que é comumente traduzida como "consolador", "defensor" ou "aquele que é invocado por alguém". Ele também é conhecido como o Espírito da Verdade, o Espírito da Promessa, o Espírito da Adoção, o Espírito de Cristo, o Espírito do Senhor e o Espírito de Deus.

Muitos símbolos estão ligados ao Espírito Santo:

Água: O nascimento dos seres humanos acontece na água e a água do Batismo significa renascimento.

Óleo: A ação de ungir com o óleo está ligada à unção de Jesus com o Espírito Santo. Jesus foi o Ungido, revelado e ungido com o poder e a presença do Espírito Santo.

Fogo: O fogo simboliza a energia transformadora do Espírito Santo, que em Pentecostes pousou sobre a cabeça dos discípulos na forma de línguas de fogo.

Nuvens e luz: No Velho Testamento, imagens de nuvens e luz retratam o Espírito Santo revelando e obscurecendo Deus nas Suas aparições a Moisés.

Selo: Um símbolo do efeito de ungir com o Espírito Santo, um caráter indelével impresso na alma.

Mão: Uma referência à imposição das mãos na cura e no ensinamento, em que o Espírito Santo é um agente.

Dedo: Pelo dedo do Espírito Santo, Jesus afasta os demônios e escreve no coração humano.

Pomba: No batismo de Jesus, o Espírito Santo surgiu para Ele na forma de uma pomba.

෨ 36 ෨
O DESENVOLVIMENTO DO DIREITO CANÔNICO CATÓLICO

O direito canônico (do grego *kanon*, "lei") da Igreja Católica compreende um sistema de leis e regulamentos usados no governo da vasta organização da Igreja Católica e dos seus seguidores. Ele também abrange as crenças (ou credos) da Igreja. (O termo *canônico* também é usado em referência aos livros aceitos da Bíblia.)

O direito canônico não aparece, num passe de mágica, no alvorecer do cristianismo, oferecido à Igreja para ser aceito e praticado sem questionamento. A Igreja precisou desenvolver o direito canônico por si mesma. Na verdade, a Igreja demorou cerca de 2 mil anos para estudar e interpretar a Palavra de Cristo conforme ficou registrado nas Escrituras e desenvolver o cânone da lei por meio de profundas investigações, debates e até mesmo controvérsias religiosas e filosóficas. Ao longo de toda essa luta pela compreensão, a Igreja foi auxiliada pela orientação do Espírito Santo e a liderança do papa.

A Igreja reconhece três épocas do desenvolvimento do direito canônico.

A época das leis antigas estende-se do surgimento do cristianismo até o século XII, terminando com a publicação por Johannes Gratian da sua exaustiva obra canônica, o *Decretum*. Gratian, um monge e estudioso que nasceu na Toscana no século XII, é considerado o fundador da "ciência" do direito canônico. Gratian realizou o projeto de compilar as leis canônicas da Igreja enquanto lecionava em um convento da Bolonha.

No *Decretum,* Gratian incluiu não só as leis da Igreja que já estavam em vigor, mas também princípios do extenso grupo de leis canônicas coligidas dos primeiros dias. Abrangendo jurisdição, informações históricas e práticas litúrgicas, o impressionante tratado de Gratian permaneceu como o texto principal de direito canônico da Igreja até o Concílio de Trento (1545-1563).

O Concílio de Trento, que foi convocado para enfrentar as controvérsias dessa época — conhecida como a Reforma —, estabeleceu novas leis e princípios onde antes havia confusão. O Concílio aprovou e registrou muitas decisões, incluindo a afirmação da Tradição Divina, que reflete a crença em que a fé católica é baseada nos escritos e *também* na tradição; a importância *tanto* das boas ações quanto da fé na busca da salvação; e a real presença de Cristo na Eucaristia. O Concílio de Trento também padronizou as orações e os rituais da Missa. Essas coisas permaneceriam as mesmas até o Concílio Vaticano II, na década de 1960. Desde o Concílio de Trento, a época moderna do direito canônico durou até o presente.

Embora tenham ocorrido muitas mudanças no direito canônico católico pelo trabalho de concílios especialmente convocados, como o Concílio de Nicéia e o Concílio de Trento, o papa também tem o poder e a autoridade de editar leis pontifícias por meio de epístolas apostólicas (também conhecidas como bulas papais). Em 1917, o papa Bento XV publicou o seu abrangente Código do Direito Canônico. Esse foi considerado como a autoridade canônica na Igreja Católica até 1983, quando o papa João Paulo II publicou um novo Código do Direito Canônico, que os católicos seguem atualmente. Por fim, as leis podem ser aprovadas em um nível local, por meio de concílios eclesiásticos locais, desde que as decisões sejam tomadas em conformidade com as leis da Igreja.

É importante compreender que as mudanças no direito canônico não constituem uma rejeição das crenças mantidas anteriormente. Embora o direito canônico tenha enfrentado discussões e subseqüentes mudanças na ênfase para melhor explicar a Palavra do Senhor, a Igreja ensina que essas mudanças ocorrem por causa da vitalidade e da natureza orgânica da fé.

Excomunhão: pecado grave contra as leis da Igreja

Depois de terem sido batizados e aceito a autoridade da Igreja, os católicos se tornam integrantes plenos e devem respeitar as leis da Igreja. Mas o que acontece se um católico descuida das suas obrigações ou rejeita algumas das crenças ostensivamente? A Igreja não é dura com aqueles que são negligentes, mas também reconhece três tipos formais de pecado contra as leis da Igreja: heresia, apostasia e cisma. Essas transgressões formais acarretam a grave penalidade da excomunhão, que significa exclusão da Igreja e proibição de receber os sacramentos. A excomunhão é um tipo de elisão e carrega um grave estigma social.

A heresia é a rejeição de uma crença fundamental do catolicismo romano. Nos primeiros dias da Igreja, todos os não católicos eram considerados heréticos. Nos dias atuais, porém, a Igreja adquiriu um interesse maior pela caridade com relação ao próximo e não aplica mais a palavra *herético*.

A apostasia é uma transgressão muito mais grave. É o repúdio total de tudo o que tenha a ver com o catolicismo. É como trilhar um caminho solitário e normalmente apenas acontece se um católico tem profundas dúvidas ou passa por uma experiência traumática que o leve a rejeitar a fé católica. As pessoas que abandonam a sua fé são automaticamente consideradas como fora da Igreja, mas não são formalmente acusadas a menos que chamem a atenção pública ao seu repúdio.

Curiosamente, a Igreja reconhece três formas distintas de apostasia: quando um leigo católico abandona a sua fé, quando um clérigo renuncia ao estado eclesiástico e quando um integrante de uma ordem religiosa abandona o estado religioso que adotara.

A palavra *cisma* se refere à recusa dentro da fé de se submeter à autoridade do pontífice romano e de reconhecer a primazia do papa. As Igrejas Ortodoxas que romperam com Roma em 1054 foram consideradas como cismáticas, por exemplo. Hoje em dia, existem atualmente numerosos grupos marginais dentro da Igreja que questionam a autoridade papal sobre determinadas questões.

A excomunhão não requer necessariamente uma notificação pública. De acordo com as leis da Igreja, depois que uma pessoa admite uma heresia ou apostasia, ou se liga a um grupo cismático, ela está automaticamente em estado de excomunhão e não deve mais participar dos sacramentos. Em casos graves, porém, o Vaticano emite um decreto formal de excomunhão.

A Igreja oferece meios de reconciliação. Suspender uma excomunhão requer a aprovação de um bispo, embora ele geralmente delegue a comissão a um padre ou confessor na sua catedral. Em questão de natureza verdadeiramente grave, no entanto, não é fácil obter a reconciliação.

∞ 38 ∞
A ESTRUTURA HIERÁRQUICA DA IGREJA

A hierarquia da Igreja Católica é composta do papa, bispos, padres e diáconos, todos os quais são ordenados e dedicados ao ministério dos fiéis. Por meio de dioceses e paróquias, eles ministram e conferem os sacramentos.

No topo da hierarquia, que é basicamente uma pirâmide, está o papa. Como supremo pontífice e bispo de Roma, o papa segue uma tradição que remonta a são Pedro e os primeiros dias da Igreja. O papa é considerado infalível quando fala sobre questões de fé ou moral, embora ele geralmente consulte o seu corpo de conselheiros, o Colégio dos Cardeais, antes de tomar uma decisão que afete a Igreja.

A estrutura hierárquica da Igreja existe mais ou menos da mesma forma desde o século XII, quando o papa Gregório VII instituiu muitas reformas que aumentaram o poder papal sobre a Igreja como um todo. Uma dessas reformas eliminou a investidura laica, o que significou que os funcionários públicos e monarcas perderam o direito de investir um bispo (ou contemplar alguém com esse poder) na sua diocese. Daquela data em diante, apenas o papa teve o direito de indicar um bispo e, por sua vez, os bispos reportam-se apenas ao papa. O objetivo de Gregório ao aprovar essa reforma foi impedir o controle secular sobre as propriedades e atividades da Igreja.

Por volta da mesma época, a Igreja começou a reconhecer o poder do direito canônico, que codificava todas as atividades da Igreja e tratava de questões variando de quem poderia administrar um sacramento a quem seria escolhido como papa. O Código do Direito Canônico determinava procedimentos que eram para ser seguidos no governo da Igreja e claramente estruturava e sustentava a estrutura hierárquica.

O Colégio de Cardeais normalmente elege o pontífice entre os seus integrantes. Depois que o papa é escolhido, ele continua sendo o chefe da Igreja Católica até a morte. Além de ser o bispo-chefe da Igreja Católica Romana, o papa também é o governante da Cidade do Vaticano, o que lhe permite ter independência de toda jurisdição política terrena.

Os cardeais, que têm a autoridade de eleger e aconselhar o papa, ocupam o degrau seguinte da pirâmide hierárquica do governo da Igreja. Todos os cardeais são bispos ordenados (veja o Número 39). Eles mantêm as suas sedes episcopais (os seus centros oficiais de autoridade), sejam eles residentes ou titulares (quer dizer, sejam eles bispos de um lugar real, como a arquidiocese de Chicago, ou bispos honorários, apenas por título), juntamente com as suas responsabilidades como bispos. Existem três níveis de cardeais.

1. Bispos cardeais, ou cardeais Episcopais.
2. Padres cardeais, ou cardeais presbíteros.
3. Diáconos cardeais, ou cardeais diáconos.

Os bispos cardeais são os bispos titulares das sete sedes suburbanas de Roma. Eles elegem um deão e um subdeão entre os seus integrantes. O deão preside o colégio, com o subdeão atuando na sua ausência, o que os coloca na segunda e terceira posição mais alta dentre os clérigos da Igreja.

Os padres cardeais são os bispos comuns das dioceses que se tornaram cardeais. Os diáconos cardeais são arcebispos titulares que trabalham para a Cúria Romana e foram alçados ao cardinalato. Juntos, os cardeais constituem o Sacro Colégio de Cardeais, que atua como um corpo de conselheiros junto ao papa.

Os bispos cardeais trabalham em período integral na Cúria Romana. A Cúria é o corpo central da Igreja, subdividido em departamentos que cuidam de questões como o direito canônico, heresias, a eleição e governo de bispos e dioceses, a administração dos sacramentos, questões concernentes às ordens religiosas, ao trabalho missionário, ritos e liturgias, cerimônias e estudos religiosos. Determinados departamentos da Cúria também tomam decisões com relação a petições especiais à Cúria, assim como anulação de petições.

39

A FUNÇÃO DOS BISPOS

A palavra *bispo* vem do grego, significando inspetor, supervisor ou superintendente. Nos escritos do início da Igreja, os termos *bispo (episcopes)* e *padre (presbyter)* eram permutáveis. No entanto, logo no século II A.D., os cristãos começaram a fazer distinção entre essas duas funções. Os "padres do segundo grau" tornavam-se padres conforme são conhecidos atualmente; os "padres do primeiro grau" evoluíam para bispos.

Os bispos cumpriam as funções clericais mais elevadas conforme exemplificadas por Cristo: eles eram padres, profetas e reis. Como padre, cada bispo tinha o poder de consagrar, oferecer o Sacrifício da Eucaristia e perdoar os pecados. Como profeta, ele tinha a autoridade de ensinar. Como rei, tinha a responsabilidade pastoral primária de guiar o seu rebanho. Na consagração, ele recebia graças especiais para equipá-lo no seu ofício.

O poder dos bispos esvaiu-se no século XII quando eles perderam um pouco da sua independência para o papa. Nessa ocasião, o bispo se tornou uma espécie de legado papal, um funcionário representativo do papa na sua diocese. O poder e a autoridade estavam altamente concentrados no papa e na Cúria.

Desde o Concílio Vaticano II, a função dos bispos ganhou importância por meio dos esforços para delegar-lhes poder nas suas dioceses, em reuniões nacionais e em concílios e sínodos mundiais. Os bispos compartilham a sua função de liderança com o papa, que é o bispo de Roma. A delegação de poder aos bispos funciona como uma força equilibradora ao controle central da Cúria.

Hoje em dia, o papa ainda decide quem será bispo. No entanto, os concílios de bispos nacionais são incentivados a ajudar o papa a tomar decisões por meio das suas recomendações. A tradição da Igreja prescreve que os candidatos ao posto de bispo devem ter integridade, piedade, prudência e zelo pelas almas. Eles devem ser formados em teologia ou direito canônico e não podem se casar (o que também se aplica a todos os padres).

Os arcebispos, ou metropolitanos, são os bispos em posição mais elevada. Eles têm autoridade sobre uma província eclesiástica e sobre os bispos dentro dessa província. Os bispos que se reportam a eles são conhecidos como sufragâneos. Como parte das suas obrigações, os metropolitanos devem convocar sínodos provinciais para promulgar leis e decisões sobre a província.

Os bispos propriamente ditos presidem as dioceses. Cada diocese é dividida em distritos ou paróquias administradas por arciprestes ou deãos.

Em alguns casos, os bispos se reportam diretamente ao papa e são conhecidos como bispos isentos. Os bispos titulares são consagrados e têm um título pertencente à diocese, mas não têm jurisdição nessa diocese. Eles podem funcionar como bispos auxiliares ou coadjutores (assistentes) dos bispos da diocese. Os *praelati nullius cum territorio separato* chefiam um território que não pertence a uma determinada diocese. Esse tipo de bispo tem direitos de governo de bispo sobre uma área que não faz parte de uma diocese.

Os bispos também têm assistentes. O chefe deles é o vigário-geral. Além disso, os bispos são aconselhados por um conselho ou capítulo, composto de cânones — padres filiados à catedral. Os bispos precisam da aprovação desses padres para resolver sobre determinados assuntos.

A função mais básica do bispo é governar os assuntos espirituais e temporais da sua diocese. Os bispos podem adotar e obrigar a observância das leis da Igreja que devem seguir as pessoas pertencentes à sua diocese. Os bispos também são os principais pregadores da diocese e devem pregar pessoalmente a Palavra de Deus ao seu povo, o que significa que eles devem oficiar a Missa nos domingos e nos dias de festa mais importantes. Espera-se também que eles residam na diocese durante a maior parte do ano e que estejam presentes nas suas igrejas durante o Advento, o Natal, a Quaresma, a Páscoa, o Pentecostes e o Corpus Christi. Os bispos devem visitar toda a diocese ao longo de um período de cinco anos.

Então, a cada cinco anos, os bispos devem enviar relatórios sobre a situação da sua diocese ao papa. Ao mesmo tempo, todo bispo viaja a Roma para visita o Santo Padre e fazer as suas devoções nos túmulos de Pedro e Paulo.

40

Os padres como mediadores entre Deus e as pessoas

Os padres devem servir como mediadores entre Deus e as pessoas. Na Igreja Católica, existem dois graus de padres: o bispo, que é, em um certo sentido, um padre superior, possuindo todos os poderes do sacerdócio e sobre o controle da devoção divina, e os padres do segundo grau, que são mais freqüentemente filiados à paróquia. Todo padre tem o poder de oferecer o Sacrifício da Missa, perdoar os pecados, abençoar, orar e preencher todas as obrigações litúrgicas e funções sacerdotais não reservadas ao bispo.

Nos primeiros dias da Igreja, todos os padres (ou presbíteros) pertenciam a um concílio que cuidava dos assuntos da Igreja, os quais incluíam a liturgia e o culto, e eles trabalhavam juntos nas cidades sob a supervisão do bispo. Quando a Igreja cresceu e se espalhou para as áreas suburbanas e rurais, os padres foram designados para residir em paróquias e cuidar das necessidades espirituais dos fiéis. Aqueles padres não podiam mais trabalhar próximo ao bispo. No entanto, o bispo tinha autoridade sobre eles, uma vez que as suas paróquias faziam parte da diocese deles e estavam sujeitas à sua jurisdição. Essa disposição persiste na Igreja atual.

Os padres podem ser diocesanos ou padres paroquiais, ou podem ser ordenados por meio de uma ordem religiosa. Um pastor ou padre paroquial tem a função e o encargo conhecido como cura das almas (*Cura animarum*). O trabalho dele é fomentar o bem-estar espiritual dos integrantes da Igreja pela pregação, aplicando os sacramentos e supervisionando e aconselhando os paroquianos em questões de fé e moral, além de quaisquer outras preocupações que lhe apresentem. Ele também deve oferecer educação religiosa (especialmente para os jovens), normalmente tem um determinado número de almas para cuidar (quer dizer, a população católica da paróquia) e recebe um salário pelo seu trabalho.

O direito canônico obriga os padres paroquiais a rezar a Missa para o seu rebanho aos domingos e nos dias santos designados. Se a paróquia de um padre se torna grande demais ou os seus encargos ficam numerosos demais, o bispo pode indicar um padre ou padres assistentes ou auxiliares para ajudá-lo.

O reitor encabeça uma igreja não oficialmente designada como uma paróquia e tem os mesmos direitos e responsabilidades que o padre paroquial. O termo também pode se aplicar aos padres que presidem missões, ou aos chefes de universidades, seminários, faculdades e casas religiosas masculinas.

Além dos padres, os diáconos são outros ministros ordenados da Igreja. A função deles na Igreja aparece abaixo da dos padres na pirâmide hierárquica. Hoje em dia, a maioria dos homens que são diáconos está a caminho de se tornar padres. No entanto, a Igreja uma vez teve um diaconato permanente, no qual os diáconos ocupavam funções específicas, como ajudar o padre na Missa ou outras liturgias, ler o Evangelho e preparar o altar para a Missa.

Alguns pastores são irremovíveis. Eles não podem ser transferidos a menos que haja um motivo grave, como a violação de uma lei canônica ou criminal. Outros pastores ou reitores podem ser transferidos, mas um bispo normalmente precisa de um bom motivo para transferir um padre contra a vontade dele.

O Concílio Vaticano II assumiu a tarefa de diminuir a posição cultivada dos padres e retorná-los às suas funções originais na comunidade. No Decreto sobre o Ministério e a Vida dos Padres, o Vaticano II declarou que todos os fiéis participam do sacerdócio e que o padre deve servir o fiel assim como todos os fiéis devem servir uns aos outros.

O Vaticano II recomendou que os padres fossem preparados e instruídos para servir na comunidade. Além de administrar os sacramentos e fazer a pregação, os padres eram instados a agir como professores e exemplos entre os fiéis, a liderar os fiéis em vários ministérios e a cultivar as habilidades interpessoais adequadas.

41

A JORNADA DA ALMA

No curso da vida, os seres humanos nascem, crescem, amadurecem, envelhecem e morrem. O ciclo da vida é o mesmo para toda a vida sobre a Terra — para os animais e plantas assim como para os seres humanos. O que separa os humanos é a nossa consciência da morte e a nossa capacidade de escolher fazer o bem durante o nosso limitado tempo sobre a Terra.

Ao contrário de algumas religiões orientais, a Igreja não aceita a idéia da reencarnação das almas: "Está ordenado aos seres humanos morrerem uma só vez", escreveu Paulo (Hebreus 9:27). Os seres humanos só têm um período de vida durante o qual possam se aproximar de Deus. Isso cria um sentido de urgência, para fazer o bem e obter a graça enquanto se está vivo, porque depois da morte as pessoas não podem mais fazer escolhas com relação ao seu destino.

A morte é um dos demônios que acompanham o homem na sua queda; ele entrou no mundo por causa do pecado, conforme é explicado no Livro do Gênese. No entanto, a morte é o portão para a vida eterna. Para os cristãos, portanto, a morte é também positiva, pois é por meio da morte, compartilhada conosco por Cristo, que podemos também compartilhar a Sua glória.

A Igreja não acredita em predestinação. Os seres humanos têm livre-arbítrio para decidir levar uma vida virtuosa ou afastar-se de Deus e levar uma vida em pecado. Deus é misericordioso e perdoa até mesmo o mais nocivo dos pecados até o último minuto da vida de uma pessoa — desde que a pessoa esteja verdadeiramente arrependida. No entanto, os pecadores empedernidos que não buscam o arrependimento não podem desfrutar do perdão de Deus.

A morte causa a separação da alma com relação ao corpo, mas não é o fim da existência. Dependendo de como uma pessoa viveu, a alma vai para um entre três lugares: o Céu, onde terá a visão de Deus; ao purgatório, para um processo de purificação antes de receber permissão para ter a visão de Deus; ou para o Inferno, onde lhe será negada a visão de Deus. (Veja os Números 43, 44 e 45 para mais informações sobre esses três estados de ser.) No julgamento final (o fim do mundo), também conhecido como Advento ou Segunda Vinda de Cristo, todos os justos serão reunidos com o corpo glorificado, para viver para sempre na glória com Deus.

A Igreja encoraja as pessoas a se prepararem para a hora da morte. A antiga Litania dos Santos contém a petição: "De uma morte súbita e imprevista, livrai-nos, Senhor". São José é o patrono da morte feliz e na ave-maria, uma das orações católicas mais populares, os católicos suplicam a Maria: "rogai por nós agora e na hora da nossa morte".

Por meio do sacramento do Batismo, o cristão já se identificou com a morte de Cristo. Aqueles que morrem na graça de Cristo compartilham a Sua morte mais completamente — eles são totalmente incorporados a Ele.

42

A COMPREENSÃO CATÓLICA DO JULGAMENTO

A Igreja ensina que existem dois tipos de julgamento — o particular e o final. De acordo com o dogma católico, Deus faz um julgamento particular de cada alma imediatamente após a morte, quando há um reconhecimento das suas ações e intenções.

A parábola de Lázaro e do homem rico, que aparece no Evangelho de Lucas, exemplifica o julgamento particular. De acordo com a história, quando era vivo, o mendigo Lázaro sentava-se ao portão do homem rico e pedia os restos de alimento que caíam da mesa. Depois que ambos morreram, Lázaro foi para o Céu como recompensa pela sua humildade. Porque o homem rico ignorou Lázaro e não demonstrou compaixão por um outro ser humano, ele foi para o Inferno, onde implorava que Lázaro mergulhasse o dedo em água e lhe desse uma gota refrescante. Cada homem recebeu o que merecia.

No ensinamento católico, o conceito de Julgamento (ou Juízo) Final aplica-se a todas as almas. Nesse momento, "tanto o justo quanto o injusto" subirão dos mortos e serão reunidos com os seus corpos. Quando Cristo "vier na Sua glória (...) Separará uns dos outros". Os maus "irão para o castigo eterno, mas os justos para a vida eterna" (Mateus 25:31-32, 46).

Quando acontecer a Ressurreição, ou restauração, do corpo, os abençoados com o Céu terão o mesmo corpo que tinham na Terra, mas com características especiais. O esplendor dará ao corpo uma radiação sobrenatural e o tornará lindo à contemplação. A agilidade permitirá que o corpo glorificado se desloque no espaço em um instante. A sutileza permitirá a completa subordinação do corpo à alma, de modo que ambos estejam perfeitamente integrados. E a impassibilidade tornará impossível que o corpo glorificado venha a sofrer. Além disso, as necessidades humanas básicas, tais como alimentação e sono, não serão mais necessárias.

De acordo com santo Agostinho, que escreveu sobre o Juízo Final em um dos seus sermões, nesse momento o relacionamento da pessoa com

Deus torna-se transparente e as conseqüências do que essa pessoa fez na vida terrena serão reveladas, até os mínimos detalhes.

A Igreja ensina que o Juízo Final também trará a revelação e a compreensão para a mente dos seres humanos, que então compreenderão todo o significado da Criação, da salvação e do mistério da Providência Divina. Por fim, essa é uma justificação da fé em Deus e mostrará como a justiça de Deus triunfa sobre toda a injustiça terrena, porque o amor de Deus é mais forte do que a morte.

O conceito do Juízo Final pretende inspirar um respeito saudável por Deus e pela Sua justiça e encorajar os seres humanos a se arrependerem enquanto ainda têm tempo. Também pretende inspirar a esperança da vinda de Deus.

A Igreja ensina que apenas Deus sabe quando Cristo irá retornar em glória e quando ocorrerá o Juízo Final. Nesse tempo, Cristo pronunciará a palavra final sobre toda a história, e a renovação do mundo, juntamente com a restauração do corpo, concluirá o plano de Deus.

43
A natureza do Céu

A Igreja ensina que aqueles que morrem na graça de Deus e são purificados conseguem ver Deus como Ele é, face a face, e viver com Cristo para sempre. Essa comunhão de vida e amor com a Trindade, a Virgem Maria, os anjos e todas as almas abençoadas é Divina — o objeto supremo do mais profundo desejo humano e o estado de felicidade absoluta.

Pela Sua morte e Ressurreição, Jesus Cristo abriu as portas do Céu a todos aqueles que o aceitarem. Os bons se beneficiarão totalmente da redenção de Cristo. Os que acreditaram Nele e permaneceram fiéis tornam-se parceiros na Sua glória.

A visão da Igreja sobre o Céu e a salvação certamente não se limita apenas aos católicos e cristãos, entretanto. A Igreja também ensina que qualquer um que busque a verdade e faça a vontade de Deus, na medida em que compreenda isso, poderá ser salvo, a despeito de ignorar os Evangelhos e a Igreja.

No Céu, os seres humanos vivem com e em Cristo, ainda que mantenham a própria identidade. Deus é o objeto primário da mente e da vontade dos seres humanos no Céu. Estando lá, as pessoas recebem a "visão beatífica" — a capacidade de ver Deus em toda a Sua glória. O objeto secundário da visão beatífica é o conhecimento e o amor pelas pessoas que os cristãos conheceram na Terra.

O elemento essencial no estado de glória divina é a união com a Trindade Abençoada na mente e no coração. Todos aqueles que morrem no estado de graça possuem a glória essencial tão logo é concluída a sua purificação. No entanto, a plenitude da glória é alcançada quando as pessoas recuperam o seu corpo depois da Segunda Vinda.

Alguns teólogos falam sobre o Céu como um estado de felicidade suprema na união com Deus. Eles explicam que existimos para dar glória a Deus e encontrar a nossa felicidade, mas só encontramos a felicidade dando glória a Deus. No Céu, os integrantes do Corpo Místico de Cristo glorificam Deus pela participação na glória de Cristo — só em cristo é que podem fazê-lo. Cristo é o templo final onde Deus é adorado perfeitamente, e o Céu é o seu santuário. No estado de alegria perfeita, a satisfação física não é mais uma preocupação; o verdadeiro contentamento vem de satisfazer as aspirações nobres da alma. A perfeição infinita da Trindade Abençoada e o amor infinito de Deus oferecem a satisfação infinita. Essa felicidade não se torna cansativa porque não é misturada com o prazer material, o qual, pela própria natureza, não pode durar. A felicidade do Céu é permanente; não pode haver ansiedade que ele não diminua ou faça desaparecer.

A Igreja Católica ensina que a alegria divina varia de pessoa para pessoa, em correspondência com o estado da união da pessoa com Deus no momento da morte. Os integrantes desfrutam a Companhia dos Eleitos — cada um dos abençoados se compraz com os outros. Mártires, virgens e professores da fé recebem uma marca especial ou halo que denota a sua dedicação a Cristo ou a Sua obra durante o tempo em que viveram.

Uma vez que Cristo e Maria são agora glorificados em corpo, e uma vez que um corpo requer um lugar em que ficar, a tradição da Igreja segue as Escrituras ao ensinar que o Céu é um lugar. No entanto, ele só existirá no mais pleno sentido depois do Advento, quando aqueles que são salvos recuperam o seu corpo original.

Fundamentalmente, contudo, a maneira como funciona o Céu continua sendo um mistério para os seres humanos. Uma vez que está muito além da compreensão, as Escrituras o descrevem por meio de imagens e metáforas a que os seres humanos possam se referir. Vida, luz, paz, banquete de núpcias, vinho do Reino dos Céus, a casa do Pai, a Jerusalém celeste e paraíso são apenas alguns dos termos usados para descrever o Céu.

44
O QUE SÃO O PURGATÓRIO E O LIMBO, E POR QUE OS CATÓLICOS ACREDITAM NELES?

Embora o Céu e o Inferno possam ser conceitos familiares, o purgatório é, talvez, o menos conhecido. É para onde vão para obter purificação aqueles que morrem em estado de graça e que têm o amor de Deus no coração. A Igreja acredita que, no purgatório, as almas que merecem a salvação eterna fazem a expiação de pecados veniais não perdoados ou recebem punição por pecados veniais e mortais que foram perdoados em vida.

Embora ninguém possa dar ordens a Deus, a Igreja acredita que as preces e intenções dos fiéis ajudam Deus a apressar a jornada das almas no purgatório. A Igreja também recomenda que os fiéis em vida dêem esmolas, pratiquem indulgências e executem atos de penitência em benefício dos mortos: "Por que duvidaríamos de que as nossas oferendas para os mortos lhes trariam algum consolo? Não vamos hesitar em ajudar aqueles que morreram e oferecer as nossas preces para eles", escreve o grande orador são João Crisóstomo na sua homilia sobre I Coríntios.

A Igreja formulou a sua doutrina sobre o purgatório no primeiro e no segundo concílio de Lyon e nos concílios de Florença e Trento. Embora o purgatório não seja especificamente mencionado na Bíblia, aumentou a crença na existência dele por causa de doutrinas relativas ao julgamento divino, o perdão dos pecados, a misericórdia de Deus e a punição temporal em razão de pecados encontrados tanto no Velho quanto no Novo Testamento. (Os israelitas acreditavam que os irmãos viventes precisavam orar a Deus para que Ele fosse misericordioso em relação aos que já se foram.)

Além das crenças básicas explicadas acima, a natureza do purgatório é difícil de definir. Ninguém sabe quanto tempo as almas precisam passar no purgatório, porque as almas vivem no Aevum, não no tempo do mundo. Durante esse período, a alma se torna altamente consciente das suas falhas e transgressões, e se concentra totalmente na reparação.

A natureza da punição também não é completamente conhecida. Alguns teólogos sustentam que a privação temporária da visão beatífica, o anseio por um Deus tão próximo e ainda tão distante, deve ser a maior punição do purgatório.

Alguns teólogos também postulam que deve haver uma punição mais positiva que liberta as almas dos seus pecados e as aproxima ainda mais de Deus. A questão não é a punição em si (embora a Igreja não mantenha que essa punição seja recebida), mas a intenção da punição — transformar a alma até levá-la a um estado de integridade e pureza de modo a estar em condições de contemplar Deus.

Embora o purgatório seja um conceito que a Igreja admite, a Igreja não tem uma posição oficial sobre o conceito de limbo, que antigamente servia para atenuar os medos de pais cujos filhos morreram antes de ser batizados. No passado, os católicos acreditavam que as almas não batizadas não poderiam ter acesso ao Céu e, portanto, iam para o Inferno. Embora os pais católicos se apressassem a levar os seus bebês à igreja para receber o Batismo logo após o nascimento, alguns ainda morriam antes de receber o Batismo.

Os católicos não podiam aceitar a idéia de que Deus sujeitaria bebês inocentes aos fogos do Inferno por causa disso, então deduziram que os bebês deveriam ir a outra parte — o limbo ("fronteira", em latim).

Embora as origens exatas desse ensinamento sejam incertas, por muito tempo os católicos foram ensinados sobre essa possível terceira localização. Durante algum tempo, os teólogos discutiram se as crianças sentiriam algum tipo de dor, mas essa idéia durou apenas até o século XIII. Os católicos estabeleceram então a idéia de que o limbo é um lugar onde as almas infantis permanecem em uma alegria natural, se não exatamente a verdadeira alegria de estar na presença do Senhor. No entanto, o direito canônico da Igreja não inclui nenhuma menção ao limbo, e assim essa idéia acabou sendo rejeitada. O novo catecismo da Igreja Católica não menciona o limbo de maneira nenhuma.

45

O Inferno como separação eterna de Deus

O Inferno é um lugar ou estado no pós-vida reservado para os incrédulos e para os católicos que morreram sem se arrepender, em um estado de pecado mortal. Abstendo-se do arrependimento, a pessoa escolhe excluir-se de Deus e da sua graça. Se ela morre nesse estado, é-lhe negada a visão de Deus e a comunhão com os abençoados pela eternidade.

A palavra *inferno* deriva do latim *infernum,* "as profundezas da terra" ou "que está embaixo, de região inferior, deste mundo, terrestre". Esta palavra não foi usada no Velho Testamento. Em vez disso, a palavra correspondente no Velho Testamento é "Gehenna", um lugar real próximo aos territórios das tribos de Judá e Benjamim, onde eram oferecidos sacrifícios humanos aos deuses cananeus Baal e Moloch. Os judeus pensavam que os restos daqueles que se viravam contra Jeová ficariam ali. (Essa idéia de Gehenna continuava prevalecendo na época de Jesus.)

No Novo Testamento, Jesus fala de Gehenna e do fogo inextinguível, ao qual aqueles que se recusavam a acreditar ou se arrepender seriam enviados. Jesus declara que Ele iria "enviar os Seus anjos, e eles ajuntarão (...) todos os que servem de tropeço, e os que praticam a iniqüidade. Eles lançá-los-ão na fornalha de fogo" (Mateus 13:41-42). Jesus então os condenaria dizendo: "Apartai-vos de mim, malditos, para o fogo eterno!" (Mateus

25:41). Essas vívidas imagens apocalípticas têm como finalidade dramatizar a urgência do Reino dos Céus e a grave atitude com relação à salvação que os cristãos precisavam ter.

De acordo com o Credo dos Apóstolos, a própria descida de Jesus ao Inferno foi ao mundo subterrâneo, Sheol, onde Ele se encontrou com aqueles que haviam morrido antes Dele, para compartilhar a Sua vitória sobre a morte. Ele morreu e permaneceu entre os mortos por um breve período.

Os ensinamentos sobre o Inferno servem como uma advertência para os seres humanos fazerem melhor uso do seu tempo sobre a Terra. Ninguém está predestinado a ir para o Inferno. É um ato de livre-arbítrio escolher o pecado mortal, afastar-se de Deus e persistir nessa postura. O Missal contém orações por meio das quais a Igreja reza pela misericórdia de Deus, que quer que todos se arrependam. "Garanta-nos a sua paz nessa vida e nos salve da danação final" (Missal Romano, EPI, Cânon Romano, 88).

A Igreja sustenta que imediatamente depois da morte, aqueles que morrem em pecado mortal descem ao Inferno, onde sofrem o fogo eterno. O conceito de fogo no Inferno é figurado, porém. A maior punição do Inferno é a separação eterna de Deus, porque só vendo Deus é que os seres humanos possuem a vida e a felicidade para as quais foram criados. Finalmente, o Inferno é a aniquilação de si mesmo: a rejeição de Deus é a rejeição do estado de ser e a escolha da condição de não ser.

Esforçando-se para ser melhor — e ser perdoado pelas faltas cometidas

O catolicismo é uma religião exigente. Os seus princípios — enraizados na compreensão da Igreja sobre a Palavra de Deus — requer que os católicos se esforcem constantemente para ser o melhor que puderem. Embora nenhum ser humano seja perfeito, ajuda ter uma bússola moral rigorosa, e isso implica desenvolver o estado mental correto. Essa é uma razão pela qual as orações são essenciais à vida de um católico.

Quando se trata de orações, algumas pessoas têm uma imagem mental de alguém ajoelhado ao lado da cama ou em um altar com as mãos unidas, mas raramente a norma é essa. Na realidade, as orações costumam acontecer no ato particular, pessoal, que envolve simplesmente ter uma conversa com Deus, manifestar alguns pensamentos em comunhão com Ele, ou recitar um Rosário e refletir sobre os mistérios (veja o Número 79 para mais informações sobre o Rosário). Pode ser o pai-nosso no fim do dia antes de ir para a cama ou um verso dedicado ao Todo-Poderoso a caminho do trabalho. Por meio da oração, os católicos continuam retornando aos ensinamentos de Cristo (e da Igreja) e isso lhes dá forças para lidar com os outros e com as tensões da vida diária em geral.

A oração é muito semelhante a uma meditação. É uma maneira pacífica, calmante de contar as bênçãos e render agradecimentos. Também pode ajudar as pessoas a atravessar um processo de tomar uma decisão e restabelecer as suas orientações morais. No âmago de cada oração encontra-se o ato de celebrar a Eucaristia (veja o número 50). A Eucaristia aproxima os católicos do divino e os distancia de si mesmos, porque é um ato público. Tentar ser um bom católico pode ser humilhante, mas a misericórdia de Deus é penetrante, especialmente na Missa. Partilhar o Corpo de Cristo é algo que cura e inspira. Ajuda a guiar os católicos para o caminho certo, inspirados para tratar da sua vida diária de maneira saudável — e, é claro, como parte de uma comunidade.

O catolicismo ensina que, não importa com que freqüência os seres humanos falham, Deus a tudo perdoa. Esse perdão é um enorme presente para a vida diária. Ele significa que, quando as pessoas estão distraídas, com problemas ou atrapalhadas, ou quando deixam de viver segundo os princípios mais elevados, elas ainda podem se endireitar e seguir em frente.

E tem mais: com a bondosa misericórdia de Deus, os seres humanos podem sentir-se encorajados a experimentar um comportamento melhor. Esse perdão dá coragem, força e apoio de uma maneira que nada mais consegue dar. Ele ajuda a tornar os católicos melhores cidadãos do mundo assim como melhores cidadãos em Cristo.

47

A CRENÇA NA SALVAÇÃO PELA FÉ E PELAS BOAS AÇÕES

Salvação significa triunfar sobre o pecado e as falhas básicas da condição humana, e retornar ao estado supremo e tão desejado da espiritualidade. A Ressurreição de Cristo, na qual Ele foi transformado em um novo modo de existência, é o maior exemplo de salvação. Essa transformação é o que todos os católicos se esforçam para alcançar.

Quando se trata de alcançar a salvação, a Igreja vacilou entre a ênfase na fé — a salvação alcançada por meio da devoção particular — e a ênfase nas boas ações. Sem dúvida nenhuma, é preciso uma combinação de ambas as coisas para ser um bom católico e viver a vida como Cristo desejou que fizéssemos.

Para os católicos, o esforço constante de *ser* bom e o impulso para *praticar* o bem andam lado a lado. Nos últimos anos, o conceito de *fazer o bem sem olhar a quem* abriu caminho na consciência coletiva. Essa idéia secular há muito tempo foi alimentada pela Igreja. Ajudar e passar algum tempo com os menos afortunados, os doentes e aqueles que lutam com problemas são todos esforços muito úteis no esquema da missão, do serviço aos outros.

A bondade e a compreensão com relação aos outros exemplifica o verdadeiro significado da palavra *caridade*. Essas coisas também estão no âmago do que significa fazer parte de uma comunidade. Os católicos buscam melhorar a vida dos outros e, sendo assim, eles procuram cultivar a generosidade de espírito, seja que isso signifique ensinar, dar dinheiro ou ajudar os necessitados. Não só a caridade é inacreditavelmente compensadora; mais importante, ela liga os católicos à comunidade mundial.

Além de iniciativas individuais — por exemplo, fundações estabelecidas com propósitos como a eliminação do asbesto da construção de moradias ou fazer *lobby* pelo controle de armas — existem pelo menos 1400 organizações de caridade católicas funcionando nos Estados Unidos.

No Brasil, destaca-se a Pastoral da Criança, um organismo de ação social da Conferência Nacional dos Bispos do Brasil, cujo objetivo é o desenvolvimento integral das crianças, da concepção aos 6 anos de idade, em seu contexto familiar e comunitário, a partir de ações de caráter preventivo e que fortaleçam o tecido social e a integração entre a família e a comunidade. A principal característica da Pastoral da Criança é a sua imensa rede de solidariedade, formada por 250 mil voluntários, que atuam em nível comunitário, e que dão sustentação à instituição.

A educação católica — outra maneira pela qual os fiéis aplicam efetivamente as suas crenças na vida diária — também é importante para a fé, e existem numerosas escolas do ensino fundamental, colégios, faculdades e universidades católicas espalhadas pelo mundo. (Veja o Número 97.)

Em última análise, para ser católico não basta observar os sinais exteriores de devoção apenas. Isso é insuficiente para alcançar o estado de devoção interior que é decisivo para se unir ao Senhor. Também não é suficiente apenas praticar boas ações. Por mais generosos que os católicos sejam com o seu tempo, eles ainda devem observar as obrigações de devoção que requerem a participação na Igreja.

É responsabilidade de cada católico trabalhar pela própria salvação e a estrutura da Igreja oferece uma grande ajuda para todo católico atingir essa meta. Conforme os bispos proclamaram no Concílio Vaticano II, os valores que cultivamos na Terra — "dignidade humana, comunhão fraterna e liberdade" — são de "vital importância para o reino de Deus".

Fortalecido nos seus propósitos pela fé, é responsabilidade de cada católico participar da sociedade e procurar ser uma força em favor do bem. Como atesta o Catecismo católico, "Se uma maçã podre influencia as boas, não podemos nós como cristãos e católicos reverter o procedimento e ser as boas que influenciam as más?"

Terceira Parte

Os Sacramentos

Uma das coisas que distinguem a fé católica das outras tradições religiosas é a forte preocupação com a sacramentalidade — isto é, a crença de que Deus está refletido e presente em todas as coisas da criação. Na Igreja Católica, os sete sacramentos são conhecidos como instrumentos da fé porque por meio de palavras e símbolos eles instruem as pessoas sobre a fé, alimentando-a, fortalecendo-a e expressando-a. Por meio dos sacramentos, os católicos professam a antiga fé dos Apóstolos. Por essa razão, os ritos sacramentais não podem ser mudados nem modificados. Nem mesmo a maior autoridade da Igreja pode mudá-los arbitrariamente. Essas tradições exclusivas, duradouras, proporcionam meios para desenvolver uma compreensão mais profunda e uma estrutura para marcar alguns dos pontos de referência mais importantes da vida.

Sacramentais: Deus revelado em todas as coisas

Na visão de mundo católica, Deus é revelado em todas as coisas, até mesmo em palavras, objetos e lugares. Esses são conhecidos como sacramentais, que não devem ser confundidos com os sacramentos. Os sacramentais são instituídos pela Igreja; os sacramentos foram instituídos por Cristo.

Os sacramentais proporcionam a graça que encoraja os católicos a praticar boas ações, ajudam a diminuir todos os pecados veniais que possam ter cometido e geralmente protegem a alma. Quando os católicos praticam as "devoções populares", eles estão expressando o seu ardor por Deus. De acordo com os regulamentos do Concílio Vaticano II, "As devoções devem ser tão equilibradas que se harmonizem com os períodos litúrgicos, de acordo com a liturgia sagrada, sendo de algum modo derivadas dela e encaminhando as pessoas para ela, uma vez que a liturgia pela sua própria natureza ultrapassa de longe qualquer uma delas" (de *Sacrosanctum Concilium* — Constituição sobre a Liturgia Sagrada — Artigo 13).

Muitas práticas devocionais centram-se nos serviços da Missa prestados no interior da igreja, e vários dos objetos que auxiliam esses serviços são considerados sacramentais. Compreender o papel que esses objetos desempenham na Igreja ajuda a ter uma maior compreensão dos serviços em si e o que eles representam para aqueles que os praticam.

O altar: é a peça central do culto católico. Ele consiste em uma superfície elevada, tabular, sobre a qual se desenrola a celebração da Eucaristia durante a Missa católica (veja o Número 50). A classe leiga católica pode ter um pequeno altar particular em casa para as orações, mas o sacrifício da Missa não pode ser realizado ali. Os altares da Igreja devem ser consagrados.

O altar tem um número de atributos físicos, mas o mais essencial é o tabernáculo (da palavra latina "tenda"). É ali que é guardado o pão consagrado da comunhão. Por causa da santidade do que ele contém — o Corpo de Cristo —, o tabernáculo é mantido fechado.

Água benta: é um sacramental importante que remonta a 400 A.D. Os padres benzem a água para torná-la sagrada; por sua vez, a água benta pode ser usada para bênçãos, para afastar os pecados veniais e para purificar os participantes do culto na presença do Senhor. É por isso que sempre se encontra uma fonte à entrada das igrejas (a não ser durante a Quaresma em alguns lugares). Quando os paroquianos entram na igreja, eles mergulham um dedo na água e fazem o sinal-da-cruz acima da sua pessoa.

O uso mais importante da água benta é no sacramento do Batismo. Quando um bebê ou um adulto é batizado, um pouco de água benta é espargido sobre a sua testa para simbolizar a lavagem do pecado original.

As igrejas cristãs queimam o **incenso** desde os tempos antigos. O aroma profundo e pungente empresta uma aura de solenidade aos serviços da igreja. A fumaça ascendendo ao Céu é um símbolo da direção das orações para Deus. O incenso é mais freqüentemente usado em ocasiões solenes como funerais e procissões.

Comumente usadas em rituais pagãos, as **velas** também fazem parte das cerimônias e da celebração de Cristo desde os primeiros dias da Igreja Católica. A vela é um sinal exterior e visível de que a leitura do Evangelho traz alegria e luz à igreja.

Muitas cerimônias católicas envolvem o uso de velas — na verdade, os ritos de todos os sacramentos à exceção de um (a Penitência) requerem a presença dela. É proibido dizer a Missa sem a presença de velas acesas. A "luz do tabernáculo" mantida acesa perante a presença de Cristo é em honra do Seu ser entre nós na Missa. Essa tradição começou nos anos 1200 e tornou-se uma lei da Igreja nos anos 1600.

As igrejas usam inúmeros tipos diferentes de vela. Existem velas de altar, que devem ser feitas de cera de abelha e devem ser brancas (no mundo antigo, acreditava-se que as abelhas fossem virginais, e usar a sua cera refletiria os atributos da Abençoada Virgem Maria). A cor das velas muda para o amarelo durante a Semana Santa.

As pequenas velas votivas, que são poderosos símbolos de oração, são colocadas em frente às estátuas dos santos. Para orar por um favor ou para ser lembrados por Maria ou Jesus, os paroquianos pagam uma pequena taxa para acender uma dessas velas e colocá-las diante da estátua do santo a ser peticionado.

O toque dos **sinos** há muito tempo esteve associado às igrejas e ao serviço praticado nelas. A Igreja Católica adotou os sinos como uma parte essencial dos serviços da igreja em algum momento durante o século oitavo A.D. Os grandes sinos na torre são usados para anunciar a hora dos serviços. Além disso, um pequeno sino colocado no lado da epístola do altar é tocado no Sanctus, no ponto alto da Missa, para assinalar a adoração da consagração do pão e do vinho.

Os **confessionários** só foram introduzidos em 1565. Nos primeiros dias da Igreja, o sacramento da Penitência — pedindo por absolvição dos pecados cometidos — era um ritual público reservado para os pecados muito graves, como assassinato. O pecador fazia uma apologia pública e recebia uma pesada penitência.

Na Idade Média, os monges irlandeses instituíram a idéia da confissão reservada, entre um padre e o penitente, o que normalmente acontecia diante do altar. Mais tarde, essa idéia se espalhou pelo resto da Igreja. Em 1565, são Carlos Borromeu, um cardeal poderoso, desenhou um móvel contendo uma cadeira para proporcionar o anonimato do penitente. Nos anos 1600, a Igreja mandou que todas as confissões fossem feitas dessa maneira.

Hoje em dia, a confissão reservada sempre acontece em um móvel confessional reservado, normalmente feito de madeira, com um compartimento para o padre e outros dois adicionais de cada lado para os penitentes (assim o padre pode ouvir uma confissão enquanto o outro penitente se prepara).

◈ 49 ◈

O SIGNIFICADO DO SACRAMENTO

O conceito de sacramentalidade é essencial para a fé católica. A sacramentalidade é o princípio segundo o qual tudo na criação — as pessoas, os movimentos, os lugares, o ambiente e o cosmos em si — pode revelar Deus. Segundo esse princípio, a divisão entre sagrado e secular é apagada: tudo é sagrado, porque tudo vem do Senhor. (Para mais informações sobre os sacramentais e a sacramentalidade, veja o Número 48.) Além da sacramentalidade como um conceito geral, o catolicismo reconhece sete sacramentos específicos que conferem graça.

Os sete sacramentos, os quais, na opinião da Igreja, nos foram dados por Cristo, são o Batismo, a Confirmação, a Eucaristia, a Penitência, a Unção dos Enfermos, as Ordens Sacras e o Matrimônio. Por meio dos sacramentos do Batismo e da Confirmação, os católicos são habilitados a participar da liturgia da Igreja (ou culto). A ordenação é uma ligação sacramental que une o padre e a ação litúrgica junto ao ministério dos Apóstolos e junto a Cristo. Os padres, que são ordenados ministros, existem para servir os batizados pela administração dos sacramentos e por meio da celebração das outras partes da liturgia, como a Missa.

O Batismo, a Confirmação e a Eucaristia são chamados de Sacramentos da Iniciação Cristã. Nos primeiros dias da Igreja, os catecúmenos (ou iniciados na fé) os recebiam todos de uma vez. Esses sacramentos são as pedras fundamentais da vida católica: "O fiel renasce com o Batismo, fortalecido pela Confirmação, e na Eucaristia recebe o alimento da vida eterna" (Paulo VI, AAS 63 [1971] 657). A Penitência e a Unção dos Enfermos são conhecidas como os Sacramentos de Cura, e o Matrimônio e as Ordens Sacras são às vezes chamados de Sacramentos do Compromisso.

Além da graça, os sacramentos do Batismo, da Confirmação e das Ordens Sacras conferem um caráter sacramental, ou "selo", sobre os crentes. O sinal indelével de cada um desses sacramentos permanece como uma promessa de proteção divina e um chamado ou vocação para o culto e o serviço, e ajuda o crente a ser permanentemente disposto a receber a graça.

Por meio da graça, os sacramentos também são instrumentos de salvação. Os sacramentos são eficazes, porque Cristo e o Espírito Santo operam por meio dos sacramentos, e esses permanecem como lembretes e garantias da vida eterna em Deus.

Os católicos acreditam que os sacramentos, ou os ritos da Igreja Católica, são a base sagrada de um bom estilo de vida católico. Os sacramentos também nos lembram que carregamos Jesus conosco na nossa vida diária.

50

A transubstanciação e a celebração da Eucaristia

A crença católica em Deus como uma presença real, viva, é melhor exemplificada na Eucaristia, outro dos mistérios fundamentais para a fé católica. A palavra *Eucaristia* se originou das palavras gregas *eukharistos* (grato) e *kharis* (graça ou favor). Como o terceiro Sacramento da Iniciação, a Eucaristia é absolutamente fundamental na liturgia da Igreja, pois tem relação com o Corpo de Cristo, a fonte de todo o bem espiritual da Igreja.

A celebração da Eucaristia, a Missa, motivo pelo qual é conhecida como a congregação eucarística, é a peça fundamental do culto católico. Durante essa cerimônia, a congregação partilha o pão e o vinho que, por meio da consagração feita por um padre, são convertidos no Corpo e no Sangue Místicos de Cristo. A consagração acontece quando o padre diz as palavras: "Este é o meu corpo, partido para vocês. Este é o meu sangue". Na cerimônia é usada uma hóstia feita de pão ázimo, composto apenas de farinha de trigo e água. O vinho deve ser um vinho natural feito de uvas. As gotas de água são misturadas com o vinho para simbolizar a humanidade e a divindade de Cristo combinadas.

Na Igreja Católica, apenas o padre pode consagrar o pão e o vinho da Eucaristia. O padre tem o poder em virtude da sua ordenação para tornar Cristo presente e revelar a Sua morte e Ressurreição. A Igreja em si passa esse poder para um padre por meio do sacramento das Ordens Sacras, ligando a Igreja, o padre e os leigos no sacramento da Eucaristia. Na moderna Igreja Católica, os diáconos podem segurar o cálice durante a consagração, e os diáconos ou ministros leigos podem distribuir a comunhão.

Normalmente, apenas os católicos confirmados podem receber a comunhão na Igreja Católica. Entretanto, sob condições especiais, um cristão não católico pode compartilhar a Eucaristia com os católicos.

O processo pelo qual o pão e o vinho são convertidos é conhecido como "transubstanciação". Por meio da transubstanciação, a Igreja Católica ensina que, de uma maneira mística, o pão sacramental e o vinho literalmente se tornam o Corpo e o Sangue de Cristo. Ao compartilhar esse sacramento, toda a comunidade católica é unida em comunhão com Cristo. Por essa razão, a Missa também é conhecida como a Santa Comunhão. (Outros nomes para esse sacramento podem ser Ceia do Senhor, a Partilha do Pão, o Santo Sacrifício, o Sacrifício de Louvor, Santa e Divina Liturgia e Sacramento Mais Abençoado.)

A Igreja ensina que a Eucaristia é tanto um sinal exterior quanto a causa da comunhão de todos os católicos na vida divina e entre si. É o meio fundamental pelo qual Cristo santifica o mundo e pelo qual os católicos veneram Cristo, Deus o Pai, e Deus o Espírito Santo.

O pão e o vinho são sinais exteriores da Eucaristia porque, na Última Ceia, eles foram o que Jesus abençoou e deu aos Seus discípulos em Sua memória. Conforme proclamou Jesus, o vinho que Ele oferecia era o Seu sangue; o pão, o Seu corpo. Pão e vinho são símbolos que remontam o Velho Testamento. Essas coisas representaram os primeiros frutos da Terra e foram usadas como oferendas sacrificiais no templo. O pão ázimo comemora o pão que os israelitas comeram na véspera da sua fuga do Egito e o maná que caiu para eles no deserto. O vinho é uma reminiscência do Cálice da Bênção no fim de uma refeição da Páscoa dos judeus.

Ao deixar esse sacramento do Seu Corpo e do Seu Sangue, Jesus pôde permanecer para sempre com os Seus discípulos. A prática continuada dessa tradição é um memorial a Jesus e à Sua vida, morte e Ressurreição; ele será realizado até a Sua vinda final. O Livro dos Atos dos Apóstolos conta como os Apóstolos pregaram e ensinaram aos seus seguidores e então partiram o pão com eles em seus lares. Os cristãos geralmente se reúnem para partir o pão no domingo, o primeiro dia da semana, o dia da Ressurreição de Jesus. A tradição evoluiu para a Missa de domingo, que hoje em dia é o centro da vida litúrgica e comunitária da Igreja.

51

BATISMO: PURIFICAÇÃO ESPIRITUAL E RENASCIMENTO

A Igreja ensina que o Batismo é o portal para a vida espiritual e o portão para os outros sacramentos. Ele é um sacramento de purificação e renascimento. Por meio do Batismo, os católicos tornam-se integrantes da Igreja para partilhar da sua missão.

A prática do batismo, a purificação dos pecados, começou quando João Batista batizou Jesus no rio Jordão. Os convertidos da cristandade inicial submetiam-se ao batismo como uma purificação dos pecados e uma demonstração pública da sua fé. Entretanto, até a Idade Média o batismo das crianças ainda não tinha se tornado uma prática aceita. Conforme mencionado anteriormente na discussão sobre o limbo (Número 44), a mortalidade infantil era elevada e muitos pais temiam que os seus bebês não entrassem no Céu por não ter recebido o Batismo.

A palavra *batismo,* do grego *baptizein,* significa "mergulhar" ou "imergir". A imersão na água é um símbolo de morte e renascimento: a pessoa batizada "morre" na água e renasce em Cristo, assim como o próprio Cristo morreu na cruz e ressuscitou. A água do Batismo tem um efeito purificador, uma vez que a alma da pessoa batizada é banhada e renovada pelo Espírito Santo. O Batismo também é associado à iluminação espiritual.

Muitas histórias no Velho Testamento parecem prefigurar o Batismo, incluindo a história do Grande Dilúvio, quando a água afogou os corruptos; a travessia do mar Vermelho, que libertou os israelitas da escravidão; e a travessia do rio Jordão para a Terra Prometida. No Novo Testamento, conforme mencionado acima, o próprio Jesus é batizado antes de começar a Sua missão. Depois de Pentecostes, os Apóstolos começaram a batizar os novos convertidos à fé.

Na Igreja inicial, o Batismo fazia parte dos Sacramentos da Iniciação, o que também envolvia a Proclamação da Palavra, a aceitação do Evangelho, a profissão de fé, o derramamento do Espírito Santo por meio da Confirmação e a admissão da Comunhão Eucarística.

Hoje em dia, o Batismo é tradicionalmente administrado brevemente depois do nascimento, mas a Igreja também pratica o Batismo em adultos. O Batismo em adultos remonta aos dias do início da Igreja, com o Rito da Iniciação Cristã para Adultos (RICA). Como catecúmenos, os adultos se preparam para receber o sacramento do Batismo, a Confirmação e a Comunhão. Eles aprendem sobre o mistério da salvação, sobre as virtudes e sobre a vida de fé, liturgia e caridade.

Comumente, os bispos, padres e diáconos são os únicos que têm o privilégio de batizar. No entanto, a Igreja considera o Batismo tão essencial para a salvação que qualquer um, mesmo uma pessoa não batizada, pode realizar a cerimônia batismal em uma emergência — desde que o ministro do Batismo siga a cerimônia e tenha as intenções certas.

O Batismo confere numerosos benefícios ao que o recebe, incluindo o perdão de todos os pecados, tanto pessoais como também herdados (em razão do pecado original), a inclusão na Igreja e a associação no sacerdócio comum de todos os crentes. O batismo também proporciona a justificação que permite ao pecador acreditar, esperar e amar a Deus; viver sob a influência do Espírito Santo; e desenvolver as virtudes morais. Finalmente, ele deixa uma marca espiritual indelével que demonstra a dedicação da pessoa batizada a Cristo.

52

Os elementos da cerimônia batismal

Existem liturgias e preparações especiais para os adultos que se convertem e são batizados na fé católica (veja o Número 90). No entanto, a maioria dos católicos são batizados quando criança, uma tradição que remonta aos primeiros dias da Igreja. Uma vez que o batismo purifica os pecados e a Igreja ensinava que era necessário para a salvação, os pais e os ministros da Igreja relutavam a esperar que as crianças crescessem antes de ser batizadas. Do ponto de vista positivo, parecia não haver razão para esperar para dar ao bebê o dom da pureza e da graça. Assim, a prática do batismo infantil tornou-se aceita.

Os bebês são jovens demais para ter fé porque não têm percepção. No entanto, a Igreja ensina que eles podem receber a graça porque todos os sacramentos funcionam *ex opere operato* — em virtude da sua própria ação.

Primeiro o padre pronuncia as preces de exorcismo sobre o bebê. Depois, unta a criança com o óleo dos catecúmenos (um óleo especial benzido pelo bispo e usado durante a cerimônia de batismo). Em seguida, em nome do bebê, os pais e padrinhos renunciam a Satã e a toda a sua pompa e obras (os pecados e vaidades do mundo). Então, os adultos rezam o Credo, pronunciando a própria fé e a fé em nome da criança, a quem prometem criar segundo os ensinamentos da Igreja.

Em seguida, o padre executa o batismo de verdade, despejando água sobre a cabeça da criança e dizendo: "Eu te batizo em nome do Pai, do Filho e do Espírito Santo". Ao ser despejada a água, a criança renasce com Cristo e em Cristo.

As ações finais incluem a unção com o crisma, o sinal da cristandade, no qual o ungido compartilha os poderes essenciais de Cristo. (O crisma é uma mistura de óleo de oliva e bálsamo, abençoado por um bispo e usado para administrar determinados sacramentos ou realizar determinadas funções eclesiásticas.) A criança é vestida com um traje branco, um símbolo da pureza da alma infantil, cheia de graça e livre do pecado. A roupa branca identifica cada criança batizada com a roupa brilhante em que Cristo apareceu durante a Transfiguração. Finalmente, o padre passa uma vela acesa para os padrinhos e diz uma prece para que o recém-batizado possa ser fiel a Cristo até o seu último dia.

Todo recém-batizado precisa de ajuda para se criar dentro da fé, daí por que toda pessoa batizada tem um padrinho e uma madrinha. Essas pessoas, que agem como fiadores, devem ser crentes decididos. Para cada criança que é batizada, os pais escolhem padrinhos, que devem ser católicos. O que se compreende é que os padrinhos ajudem os pais atuando como guias espirituais e como modelos a serem imitados. Também é esperado que eles assegurem que a criança receba uma educação cristã se os pais relaxarem na sua fé. Os padrinhos devem ajudar o recém-batizado a desenvolver a sua fé e desempenham um papel importante ao longo de toda a vida da criança.

O Batismo normalmente é um dia de comemoração para a família da criança. Toda a família e os amigos se reúnem para a cerimônia, a qual normalmente acontece em conjunto com a Missa de domingo.

∞ 53 ∞
Confirmação: recebendo o Espírito Santo na íntegra

A Confirmação é o segundo Sacramento Cristão da Iniciação, e tem uma relação importante com o sacramento do Batismo. A Igreja ensina que a Confirmação completa o Batismo porque estreita os laços entre a pessoa que recebe o sacramento e a Igreja. Na Confirmação, o confirmado recebe o Espírito Santo mais integralmente e "está, como verdadeira testemunha de Cristo, mais estritamente obrigado a difundir e defender a fé pela palavra e pelos atos" *(Lumen Gentium* 11, OC, Introdução 2).

Depois de Pentecostes, os Apóstolos foram preenchidos com o Espírito Santo e começaram a proclamar as ações poderosas de Deus. As pessoas que aceitavam o Evangelho e eram batizadas também recebiam o Espírito Santo por meio do que foi chamado de "imposição das mãos". A imposição das mãos levou à cerimônia da Confirmação, o que carrega a graça de Pentecostes através da Igreja. O confirmado era novamente ungido com óleo perfumado (crisma), em uma imitação de Cristo, que foi ungido por Deus com o Espírito Santo.

Ungir com óleo significa e imprime um selo espiritual; é um sinal de consagração. As pessoas que são ungidas têm uma participação maior na missão de Jesus Cristo e na plenitude do Espírito Santo. O selo do Espírito Santo está nelas, simbolizando uma filiação e uma participação. A Igreja ensina que o selo do Espírito Santo marca o total pertencimento do cristão a Cristo, a sua convocação a Seu serviço para sempre e a promessa da proteção divina.

Hoje em dia, a maioria das crianças católicas é confirmada nos primeiros anos escolares.

Na Igreja Católica, a liturgia da Confirmação contém a renovação das promessas batismais e a profissão de fé. Os adultos que são batizados normalmente recebem a Confirmação e participam imediatamente da Eucaristia. Quando confirma os adultos que acabaram de ser batizados, o bispo estende as mãos sobre o grupo todo e invoca o Espírito Santo: "Enviai o Espírito Santo sobre eles para ser o seu ajudante e guia". Em seguida, é a vez da imposição das mãos, da unção da testa com o crisma e das palavras: "Esteja selado com a Dádiva do Espírito Santo". O sinal de paz encerra o sacramento.

Antes da Confirmação, a maioria das pessoas estuda as ações, a missão e os dons do Espírito Santo (veja o Número 54). Elas tomam consciência de que pertencem não só à sua paróquia, mas também à igreja universal. As pessoas que vão ser confirmadas recebem o sacramento da Penitência e buscam a orientação espiritual de um padrinho.

Na Igreja Católica, o bispo normalmente ministra a Confirmação, embora possa também delegá-la aos padres. Se alguém encontra-se em perigo de morrer, qualquer padre pode conferir a Confirmação.

O sacramento da Confirmação afeta um católico de muitas maneiras. Primeiro, aumenta a graça batismal, une a pessoa que a recebe mais firmemente a Cristo e aprofunda os laços da pessoa com a Igreja. Também aumenta os dons do Espírito Santo e traz a força do Espírito Santo para disseminar e defender a fé, para admiti-la abertamente e para nunca se envergonhar de ser cristão. Por fim, assim como no Batismo, ela imprime uma marca espiritual indelével na pessoa que a recebe. Isso confere à pessoa confirmada o poder e a autoridade de professar a fé em Cristo perante todos quantos possam saber.

As Dádivas e os Frutos do Espírito Santo

Conforme observado anteriormente, a Confirmação é uma reafirmação do Batismo e da graça batismal. Ocorre um derramamento do Espírito Santo, como acontece no Batismo. A Confirmação conclui a iniciação na comunidade da Igreja. É um sacramento de maturidade, no qual se fortalece a pessoa que o recebe para desenvolver a sua fé, para vivê-la mais plena e ativamente, e para que nunca se envergonhe de dizer ao mundo que acredita no Evangelho de Cristo.

Como um marco na vida católica, a confirmação encaixa-se perfeitamente no desenvolvimento infantil. Ela reafirma o processo de amadurecimento e o desenvolvimento da fé. As aulas destinadas a tomar a Confirmação ensinam que a graça da Confirmação pode fortalecer aqueles que a recebem para resistirem a todas as pressões de colegas e amigos que possam conduzi-los ao pecado. Por outro lado, a catequese da Confirmação ensina que um católico devoto nunca deve forçar ou pressionar alguém a aceitar as suas crenças. Como um sacramento de maturidade, a Confirmação requer e sustenta o bom julgamento. Na Confirmação, as Dádivas do Espírito Santo ajudam a fortalecer a fé católica. Entre essas Dádivas se destacam:

Conhecimento, sabedoria e compreensão, que ajudam os católicos a dar valor a Deus, à virtude e à oração; compreender melhor os mistérios da fé; e ser capazes de explicar a sua fé aos outros.
Juízo para ajudar os católicos a seguir o plano de Deus pelo resto da vida, tomando as decisões corretas.
Força moral para ser cristãos fiéis mesmo quando for difícil permanecer assim.
Piedade, que inspira os católicos a amar a Deus e venerá-lo por meio de orações, liturgia, boas ações e ministérios.
Temor ao Senhor, que significa uma consciência do mal do pecado e um sentido de reverência e admiração pela grandeza de Deus.

O confirmado também recebe os frutos do Espírito Santo, manifestos em relacionamentos com Deus e com os outros.

Caridade: amor por Deus e pelos semelhantes.
Alegria: felicidade que resulta de ter uma vida cristã.
Paz: calma interior a despeito das dificuldades e provas da vida.
Bondade: preocupação e empatia em relação aos outros.
Continência: controle e moderação na busca dos prazeres.

Brandura: gentileza nas palavras e no comportamento.
Fidelidade: lealdade a Deus, ao cônjuge, à família e aos amigos.
Resistência ao sofrimento: paciência para suportar todo tipo de sofrimento.
Recato: respeito pelo próprio corpo e o corpo das outras pessoas por meio das roupas, conversas e comportamento.
Castidade: controle sobre os impulsos sexuais e uma atitude respeitosa pelos outros.

55

Reconciliação: contrição, reparação e perdão

A Reconciliação, também chamada penitência ou confissão (porque envolve a revelação por parte do penitente dos seus pecados a um padre), é um sacramento de Cura, juntamente com o sacramento da Unção dos Enfermos. A Reconciliação também é o sacramento da conversão e do perdão: é um ponto de retorno para aqueles que se afastaram de Deus pelo pecado e confere o perdão e a paz por meio da absolvição conferida pelo padre, a qual faz parte do sacramento. Por meio do amor de Deus, um pecador é trazido de volta à união com o Pai.

Quando os cristãos são batizados, eles são purificados de todos os pecados. Entretanto, a Igreja reconhece que o Reino de Deus sobre a Terra é uma obra em desenvolvimento, e os cristãos nem sempre conseguem evitar a tentação ou sabem como fazer as escolhas certas. O sacramento da Reconciliação permite ao fiel voltar atrás dos seus pecados e seguir no rumo de Deus em um ciclo constante de penitência e renovação.

Essa prática está presente desde os primeiros dias da Igreja. Nas épocas de perseguição, algumas pessoas negaram Cristo para se salvar da morte pela tortura. As comunidades católicas aceitaram a reconciliação pública dos apóstatas, em consonância com o espírito da mensagem de Cristo de perdão e compaixão. Mais tarde, as confissões tornaram-se reservadas.

Paulo escreveu: "Aqueles que procuram o sacramento da Penitência obtêm o perdão na misericórdia de Deus pelas ofensas cometidas contra Ele e são, ao mesmo tempo, reconciliados com a Igreja, a que eles tinham ferido" (do Catecismo).

A Igreja ensina que apenas Deus pode perdoar os pecados. No entanto, ela também acredita que Deus deu aos Apóstolos e aos seus sucessores o poder para perdoar os pecados em Seu nome, no que a Igreja chama de Ministério da Reconciliação.

Por terem recebido as Ordens Sacras, os bispos e padres têm o poder de perdoar todos os pecados. A Igreja ensina que os confessores devem saber o que é esperado do comportamento cristão, ter uma compreensão dos assuntos humanos e tratar o pecador com o respeito que todo ser humano merece. A confissão é um assunto delicado; portanto, os padres são obrigados a manter segredo de tudo o que lhes é dito em confissão, e eles não podem fazer uso de nenhuma informação que obtêm da vida dos penitentes.

A penitência requer que o pecador se sinta em contrição ou arrependimento em relação ao pecado cometido e tome uma decisão firme de não pecar novamente. A penitência também requer a confissão, que ajuda o pecador a assumir a plena responsabilidade pelo pecado. O último componente do sacramento da Penitência é a satisfação: o pecador deve fazer algo que repare os seus pecados.

Na sua tradição, a Igreja reconhece muitas maneiras pelas quais o fiel pode fazer isso. Entre as ações mais comuns realizadas como penitência destacam-se:

— Jejum, orações e doação de esmolas.
— Orações pela intercessão dos santos.
— Fazer as pazes com os outros.
— Mudar de comportamento e assumir o compromisso de ser uma pessoa melhor.
— Mostrar preocupação pelo bem-estar espiritual dos outros.
— Praticar e defender a justiça.
— Derramar lágrimas de arrependimento.

- Fazer um exame de consciência.
- Pedir orientação espiritual.
- Aceitar o sofrimento.
- Suportar a perseguição pelo bem do que é certo.
- Seguir Jesus Cristo.
- Receber a Primeira Reconciliação e a Primeira Comunhão.
- Praticar atos de devoção, como a leitura da Sagrada Escritura, orar a Liturgia das Horas e dizer o pai-nosso.
- Observar as ocasiões e os dias de Penitência no ano litúrgico, incluindo a Quaresma e as Sextas-feiras.

O sacramento da Reconciliação permite ao fiel vivenciar uma conversão espiritual. Os pecadores sentem-se contritos e arrependidos, e reagem à graça, o que os reencaminha na direção de Deus. Durante a Sua própria vida, Jesus ensinou-nos a perdoar quando Ele compartilhou as Suas refeições com os pecadores, e o perdão e a reconciliação continuam sendo temas essenciais da Igreja até hoje.

56
Recebendo a Primeira Comunhão e a Primeira Reconciliação

A Igreja entende que as crianças passam por dificuldades para crescer e viver no mundo e, assim como os adultos, precisam da graça e dos benefícios do sacramento da Eucaristia. A Primeira Sagrada Comunhão é um marco importante na vida de um jovem católico. Os textos da Igreja dizem que é conveniente que os católicos façam a sua Primeira Comunhão tão logo tenham "atingido o uso da razão", isto é, quando estão por volta dos sete anos de idade. Nesse momento, eles sabem, ou podem descobrir, a diferença entre o certo e o errado. Cognitivamente, eles são capazes de aprender um pouco por meio de histórias e exemplos: do ponto de vista do desenvolvimento, eles podem ser solidários e atentos durante um dia de aula na escola. Como integrantes da sua família e na sua escola comunitária, eles também estão prontos para partilhar a comunhão e ser integrantes plenamente habilitados na fé da comunidade.

A idade de sete anos é a ideal para aprender sobre a Eucaristia e compreender as lições da vida de Cristo. As crianças nessa idade geralmente estão ansiosas para agradar e cooperar. Se forem criadas com amor e atenção, podem mostrar naturalmente interesse e preocupação pelos outros.

Nesse momento, as crianças também começam a pensar logicamente sobre as experiências reais da vida. Elas estão interessadas em aprender sobre crenças, mitos e regras morais (embora tendam a interiorizar as lições quase literalmente).

Na preparação para a Primeira Comunhão, muitos estudos do Catecismo para os cursos elementares concentram-se em histórias e parábolas da vida de Cristo. Os professores também usam histórias e exemplos para ensinar as Beatitudes, ao mesmo tempo que a importância de conviver e se preocupar com os outros, tendo uma atitude pura e alegre, e ajudando os menos favorecidos.

Em vez de se preocupar com o pecado, o ensino catequético antes da Primeira Comunhão concentra-se de maneira sensata nos aspectos mais positivos. Ele usa histórias e exemplos para ensinar às crianças sobre como ser mais virtuosas e semelhantes a Cristo, numa preparação para receberem o corpo de Cristo.

Depois de atingirem esse estágio de desenvolvimento e receberem a preparação adequada no Catecismo, as crianças estão prontas para receber a Eucaristia no sentido mais pleno da palavra. Assim como elas confiam nos pais e os amam, igualmente podem confiar e amar a Jesus. Elas podem admitir que Deus é o Pai delas no Céu e que Jesus está presente na Eucaristia, embora não possam entender todas as implicações disso. Elas podem entender como viver como Cristo no mundo, o que significa tratar os outros com amor, desculpando-se quando cometem um erro, ajudando os menos afortunados e assim por diante.

A Primeira Sagrada Comunhão de uma criança normalmente é uma estação festiva. Para comparecer à cerimônia da Igreja nesse dia especial, as crianças geralmente usam roupas novas. Em geral, a Primeira Comunhão é uma cerimônia pública, entre a comunidade. Os familiares e os amigos comparecem para participar da liturgia e da comemoração posterior.

Hoje em dia, as crianças católicas normalmente também recebem a sua Primeira Reconciliação por volta dos sete ou oito anos de idade. Na verdade, a Primeira Confissão era antes um pré-requisito para a Primeira Comunhão, mas esse já não é mais necessariamente o caso. A maioria dos teólogos reconhece que a maior parte das crianças não tem pecados graves com que se preocupar antes de receber a Eucaristia. Algumas paróquias permitem que os pais decidam se os filhos estão preparados ou não. O critério é que a criança saiba a diferença entre pecados mais graves e pecados menos graves.

O benefício da confissão em uma idade jovem é que ela estabelece o hábito de usar o sacramento da Penitência. (A Igreja requer confissões regulares. É obrigatório para todos os católicos se confessar ao menos uma vez ao ano como parte da estação da Páscoa.) Qualquer que seja a idade, porém, receber o sacramento da Penitência exige um exame completo de consciência antes da confissão, a disposição de ser completamente franco e sincero durante a confissão, uma verdadeira contrição, e concordar em fazer a penitência e emendar o seu comportamento.

A penitência pode ser terapêutica no sentido mais verdadeiro para as crianças, do mesmo modo como pode ser para adolescentes e adultos. Esse sacramento pode trazer a cura à vida de uma pessoa, ajudando-a a recuperar a clareza de consciência, corrigir-se, obter orientação e começar de novo.

A Primeira Reconciliação pode ser uma experiência inesquecível na vida de uma criança. Cognitivamente, as crianças são capazes de aprender os mandamentos e o que se espera delas. Também se preocupam com o que é justo e certo. No entanto, é nos anos posteriores que, ao longo dos marcos e pontos de referência da adolescência e da vida adulta, que a Reconciliação pode ser importante tanto em ajudar nos problemas e pressões quanto em servir como um instrumento de crescimento pessoal.

57

UNÇÃO DOS ENFERMOS: FORTALECENDO OS DEBILITADOS PELA DOENÇA

A Unção dos Enfermos é o segundo sacramento da Cura. No Novo Testamento, Jesus mostrou grande compaixão pelos enfermos e realizou muitas curas durante a Sua vida. Ao curar os enfermos, Ele geralmente pedia-lhes para acreditar; na cura, Ele usava sinais exteriores tais como a imposição das mãos e pedir que as pessoas se banhassem. Os enfermos em geral simplesmente tentavam tocá-lo, acreditando que poderiam ser curadas dessa maneira. Por meio dos Seus sofrimentos, Jesus uniu-se aos sofrimentos dos enfermos.

Nos primeiros dias da Igreja, a Unção dos Enfermos não era voltada para os moribundos, conforme se tornou mais tarde. No Livro dos Atos dos Apóstolos, Pedro e os outros Apóstolos ungiam os enfermos. Eles agiam segundo uma determinação específica de Jesus, que lhes disse para curar em Seu nome. Assim, a cura e a imposição das mãos tornou-se parte da missão dos Apóstolos. "Em meu nome (...) porão as mãos sobre os enfermos, e estes serão curados" (Marcos 16:17-18). Hoje em dia, a Igreja se esforça para cuidar dos enfermos e assegurar que sejam lembrados nas orações. Além disso, a Igreja oferece-lhes um sacramento especial, a Unção dos Enfermos. O propósito desse sacramento é fortalecer aqueles que estão debilitados pela doença. Há testemunhos de que esse sacramento existe desde os primeiros dias da Igreja, quando os enfermos eram ungidos com o óleo abençoado. Com o tempo, essa unção com o óleo foi reservada para as pessoas que se encontravam próximas da morte e o sacramento passou a ser chamado Extrema-Unção. No entanto, esse rito sempre conteve uma intercessão e uma oração para que a pessoa enferma se recupere, ao mesmo tempo que era útil para a sua salvação.

A Igreja ensina que todo mundo que pareça correr perigo de vida por causa de uma doença ou idade avançada pode e deve receber o sacramento da Unção dos Enfermos. Quando a doença piora, o sacramento pode ser recebido novamente. Se alguém que foi gravemente ferido recebe o sacramento, depois se recupera, pode recebê-lo de novo durante outra doença grave. As pessoas prestes a passar por uma cirurgia delicada, assim como os idosos que se tornaram frágeis demais, podem receber esse sacramento também.

Apenas os padres têm permissão para administrar a Unção dos Enfermos. A Igreja trata a execução desse sacramento como uma liturgia comunal, não importa onde seja celebrado, mesmo no lar ou em um quarto de hospital. Ele pode ser administrado a um determinado paciente ou a um grupo de pessoas doentes. A Igreja celebra a Unção dos Enfermos como parte da Eucaristia, precedendo-a pelo sacramento da Penitência, se as circunstâncias permitirem.

A unção com o óleo e as preces conferem vários benefícios ao crente adoecido, incluindo o fortalecimento oferecido pela graça do Espírito Santo; uma união mais próxima com o sofrimento de Cristo; uma contribuição para a virtude da Igreja; e a preparação para a jornada para a vida eterna.

ೞ 58 ೞ

ENCONTRANDO UM SENTIDO NA DOENÇA E NO SOFRIMENTO

No Novo Testamento, Cristo curou muitas pessoas que eram consideradas casos sem esperança. Ele fez isso como uma demonstração do poder divino e também por compaixão. Entretanto, Ele não curou a todos. A Igreja ensina que a doença está relacionada ao estado pecaminoso da humanidade, mas não está diretamente ligada aos pecados da pessoa. Isso não significa que seja uma punição. As pessoas devem aceitar a sua doença e encontrar um sentido no seu sofrimento à medida que descobrem o próprio caminho para Deus.

A Igreja também reconhece, porém, que a doença e o sofrimento são problemas graves para a humanidade. Embora a doença leve algumas pessoas a se voltar contra Deus, ela também pode ajudar os fiéis a entender o que é importante na vida e voltá-las para Deus.

As pessoas que foram religiosas e espiritualizadas por toda a vida tendem a se tornar mais vigilantes à medida que envelhecem. Quando os católicos envelhecem, a morte, uma transição importante, assoma diante deles, e os seus pensamentos se voltam para a vida após a morte. Como tal, a unção final dada a um católico no seu leito de morte é um marco adequado e conveniente.

Nesse último caso, a Igreja tem enfatizado o papel de cura do sacramento. Conforme comentado acima, os moribundos não são os únicos encorajados a tirar vantagem desse sacramento.

A Igreja ensina que o sacramento da Unção dos Enfermos tem propriedades reais de cura do corpo, porque há uma ligação entre o corpo e a alma. As pessoas idosas geralmente sofrem de depressão e cansaço, e assim podem se preocupar mais no que virá do que na sua existência atual. As pessoas enfermas entram em desespero, e podem abandonar todas as esperanças, porque se sentem presas no próprio sofrimento. Uma vez que o sacramento da Unção dos Enfermos traz esperança e conforto, uma melhora no estado psicológico também pode contribuir para a melhora do estado físico. No entanto, até mesmo as pessoas que não se recuperam, ou que se recuperam apenas para ter uma recaída, ganham forças e um sentido com o sacramento. O sacramento pode ajudar essas pessoas a se postar acima da doença, repensar profundamente no sentido da própria vida, aproximar-se de Deus pelo poder do Espírito Santo e ser mais resistentes ao sofrimento e esperançosas.

No caso dos debilitados, dos idosos, e das pessoas com doença grave ou fatal, a morte é uma inevitabilidade inegável e uma transição importante que devem enfrentar mais cedo do que tarde. E para os muitos que desenvolvem um câncer ou sofrem um ataque cardíaco na meia-idade, a doença grave é um lembrete da sua mortalidade. A doença se torna um marco na vida dessas pessoas; ela é uma transição com importantes consequências psicológicas e emocionais. A graça do sacramento da Unção dos Enfermos pode ajudar as pessoas com graves doenças a integrar o que lhes está acontecendo na sua vida espiritual para obter crescimento e compreensão.

Mas o significado que pode ser encontrado na doença vai mais além da mera pessoa que está enferma. A Igreja ensina que todos os católicos podem ser como que sacramentos de cura vivos ao ajudarem as pessoas que precisam de cura emocional, mental ou física. As possibilidades para isso são intermináveis, e os católicos são encorajados a levar a cura aos outros de inúmeras maneiras, incluindo a visitação aos enfermos e moribundos; oferecer-se como voluntários em casas de repouso e hospitais; ajudando as pessoas com doenças físicas, mentais ou emocionais; ajudando os sem-teto e indigentes; e estendendo a mão aos pacientes que sofrem de AIDS, câncer e outras doenças terminais.

59

Ordens Sacras: tornando-se um ministro do Evangelho e dos Sacramentos

A Igreja ensina que dois tipos de sacerdócio compartilham o alto sacerdócio de Cristo. Um é o sacerdócio dos fiéis, constituído das pessoas comuns que participam do caráter sacerdotal da Igreja pelo Batismo e as suas próprias vocações. A Igreja ensina que todo mundo compartilha do caráter sacerdotal de Cristo ao mesmo tempo que compartilha a Sua vida, sofrimento e morte.

O segundo sacerdócio é o ministerial, ou hierárquico, o sacerdócio dos bispos e padres. Cristo desenvolve e lidera a Sua Igreja por meio do sacerdócio ministerial. Por intermédio do sacramento das Ordens Sacras, os integrantes do sacerdócio podem atuar em lugar de Cristo e em nome da Igreja.

As Ordens Sacras são um sacramento conferido aos homens, pelo qual eles levam adiante a tradição apostólica como ministros do Evangelho e dos sacramentos. O termo *ordem* deriva do latim *ordinatio*, que significa incorporação em uma *ordo*, um corpo estabelecido civil ou do governo. A Igreja é composta de três ordens: episcopal (bispos), presbítera (padres) e diácona (diáconos). Entrando para uma dessas ordens, os iniciados participam de uma liturgia de indução, que varia dependendo da ordem.

Conforme comentado na Segunda Parte, das três ordens — bispos, padres e diáconos — a ordem episcopal, composta de bispos, ocupa o lugar mais elevado na Igreja. Cada bispo é um elo na cadeia apostólica, uma sucessão contínua que remonta aos primeiros dias da Igreja. No ápice do sagrado ministério, eles recebem os plenos poderes do sacramento das Ordens Sacras: de santificar, ensinar e governar. Os bispos também são aqueles que se tornam pontífices e pastores. A ordem episcopal é colegial, o que significa que os bispos atuam juntos na consagração de um novo bispo, e cada bispo é responsável pela missão apostólica de toda a Igreja.

Os padres são consagrados para ajudar o bispos no trabalho da Igreja. Eles pregam o Evangelho, cuidam dos fiéis e celebram as santas liturgias. Eles executam os seus ministérios em comunicação com os seus bispos e a serviço deles, a quem prometem amar e obedecer. Todos os padres são membros de um colégio sacerdotal, ou presbítero.

Os diáconos estão na extremidade mais baixa da hierarquia clerical. Eles assumem as Ordens Sacras por meio de um impresso ou selo especial que os torna ministros, diáconos ou servos. Os diáconos costumam ser ligados ao bispo que os ordenou. Eles o ajudam na celebração da Eucaristia, distribuindo a Sagrada Comunhão, ajudando e abençoando casamentos, proclamando o Evangelho e pregando, conduzindo funerais e trabalhando em ministérios de caridade. Os diáconos podem ser casados.

O bispo executa o sacramento das Ordens Sacras, impondo as mãos sobre um candidato e recitando uma determinada prece consagratória. Na Igreja Católica existem rituais de acompanhamento, tais como a apresentação, a instrução e o exame do candidato. O celibato é uma das condições para receber as Ordens Sacras para todos os integrantes permanentes, menos os diáconos.

Se os iniciados vão ser ordenados bispos ou padres, eles são ungidos com o crisma santo, um sinal da unção especial do Espírito Santo. Os novos bispos também recebem os livros dos Evangelhos juntamente com o anel, a mitra e o báculo, como símbolos da missão apostólica. Os padres recebem a pátena e o cálice, pelos quais eles fazem oferendas pela Igreja para Deus. Os diáconos recebem os livros dos Evangelhos, para proclamar o Evangelho de Cristo.

60

MATRIMÔNIO: PARCERIA VITALÍCIA NO AMOR DE DEUS

Por meio do sacramento católico do Matrimônio, um homem e uma mulher se comprometem a uma parceria pelo resto da vida. Os casais casados recebem a graça de Deus para aperfeiçoar o seu amor, fortalecer a sua unidade e ajudar-se a cultivar as virtudes. O casamento católico é uma vocação (ou um chamado) e requer que o casal aceite determinadas obrigações recíprocas, com os filhos e a comunidade. O laço do casamento é estabelecido por Deus e não pode nunca ser dissolvido. Ele requer total fidelidade dos cônjuges e receptividade para criar e educar os filhos dentro da fé.

O catolicismo adotou o sacramento do Matrimônio da tradição judaica. O Velho Testamento declara que os seres humanos foram feitos à imagem e semelhança de Deus, e que homens e mulheres foram feitos um para o outro; pelo casamento, eles se tornam um. Além disso, a Igreja ensina que, pelo fato de Deus ter criado os seres humanos do amor, e os chamar para o amor, é conveniente que a união de um homem e uma mulher seja um sacramento. O amor mútuo dos esposos espelha o amor de Deus; os seus filhos, que são as suas próprias criações, também fazem parte da criação de Deus.

Enquanto um ministro ordenado, um padre ou um bispo confere os outros sacramentos na maioria dos casos, o casamento é único. Os esposos realmente conferem o sacramento do Matrimônio entre si quando expressam o seu consentimento de se casar perante a Igreja.

A cerimônia de casamento de dois católicos normalmente acontece na Missa, em memória do mistério pascal e da maneira como Cristo ligou a Si Mesmo permanentemente à Igreja, a Sua noiva adorada. Diversas orações pedem a graça e a bênção de Deus para o casal e o Espírito Santo infunde o casal com um amor sem fim e uma força para a fidelidade.

A troca de consentimentos entre os esposos é um elemento indispensável da cerimônia de casamento. O casamento sem o consentimento, realizado com coerção e ameaças, é inválido. A presença do padre ou bispo e de outras testemunhas certifica o fato de que o casamento faz parte da Igreja. Como um sacramento, o Matrimônio faz parte da liturgia da Igreja e portanto precisa ser celebrado publicamente.

Se uma pessoa católica deseja se casar fora da fé, deve obter a permissão de uma autoridade eclesiástica para que o casamento seja válido aos olhos da Igreja. A dispensa é baseada no reconhecimento por parte do casal de duas coisas: as metas e comportamentos do casamento e o requerimento da pessoa católica de preservar a própria fé e assegurar que os filhos sejam batizados.

Algumas dioceses têm programas que ajudam casais de crenças diferentes a cumprir as suas obrigações, encorajar o que têm em comum e aumentar o respeito pelas suas diferenças. A Igreja acredita que o amor de um parceiro católico, a sua prática de virtudes familiares e orações podem ajudar o outro parceiro a se converter.

A Igreja compreende que o mal no mundo cria dificuldades no casamento. O ciúme, as disputas de poder e os conflitos podem levar à amargura e à separação. No entanto, Jesus ensinou que o casamento é indissolúvel: "Portanto, o que Deus ajuntou, não o separe o homem" (Mateus 19:6). Por meio do sacramento do Matrimônio, a Igreja ensina que Jesus dá a força e a graça para viver o verdadeiro significado do casamento. Conforme Paulo escreveu em exortação: "Vós, maridos, amai a vossas mulheres, como também Cristo amou a igreja, e a Si mesmo se entregou por ela, a fim de a santificar" (Efésios 5:25-26).

∞ 61 ∞

O QUE MOLDOU A VISÃO MODERNA DA IGREJA SOBRE O MATRIMÔNIO?

O Matrimônio foi o último dos sacramentos a ser estabelecido, por volta do ano 1200, o que é bem tarde na história da Igreja. Os propósitos do casamento dentro da Igreja mudaram e foram questionados desde os primeiros tempos.

Nos primeiros dias da Igreja, os casais casados que se convertiam ao cristianismo não tinham de ser novamente casados na Igreja; o seu casamento era considerado válido. A Igreja também reconhecia as cerimônias civis entre dois cristãos como válida para a criação de um casamento cristão. A Igreja não requeria a bênção de um padre nem nenhum outro ornamento litúrgico.

Durante a Idade Média, quando outras tribos européias dominaram o Império Romano, surgiu um conflito entre a lei civil romana e a lei e o costume europeus com relação ao casamento. A lei européia sustentava que o casamento era um contrato; que o casal possuía direitos sexuais entre si para procriar; e que eram necessárias testemunhas e uma cerimônia formal. Os pais que organizavam o casamento para os filhos, para aumentar o seu poder e propriedades, queriam que os casamentos fossem contratos públicos. No entanto, a lei romana sustentava que apenas os votos do casal entre si eram importantes e que eles poderiam ser feitos reservadamente. Toda uma série de papas declarou-se a favor da lei romana, instituindo que o casamento era o resultado de um consentimento mútuo entre o casal e nada mais. Não eram necessárias testemunhas nem tampouco era preciso assinar nenhum contrato.

Essa privacidade causava problemas. Os pais arranjavam os casamentos em que tinham os maiores interesses e os filhos eram contrariados. Havia também os casamentos a força. Pessoas ciumentas ou invejosas poderiam impedir o casamento alegando que já tinham desposado alguém em particular, e ninguém conseguia questionar essas falsas acusações.

No século XII, no Segundo Concílio de Latrão, os teólogos declararam o Matrimônio como um sacramento e essa declaração foi mais tarde referendada pelos Concílios de Lyon e de Florença. A Igreja decidiu sobre três declarações essenciais sobre o matrimônio:

1. A graça do sacramento é para ajudar o casal a se tornar mais virtuoso e cumprir as suas obrigações matrimoniais.
2. Para refletir a fidelidade de Cristo à Sua Igreja, o casamento deve ser indissolúvel.

3. Os verdadeiros ministros do sacramento do Matrimônio são os parceiros matrimoniais em si; eles conferem o sacramento um ao outro.

A forma mais pública do casamento não recebeu uma introdução formal até que o Concílio de Trento decidiu em 1563 considerar válidos apenas os casamentos que fossem celebrados diante de um padre e de duas testemunhas. Mais tarde, em 1917, o Código do Direito Canônico foi além disso. O casamento ganhava a posição de um procedimento legal de contrato que era entendido como sendo o intercâmbio de direitos de intercurso sexual com o propósito de gerar filhos, o que de acordo com a Igreja era a principal finalidade do casamento.

O Concílio Vaticano II atenuou esse ponto de vista limitado do casamento, redefinindo-o como o compartilhamento da vida entre dois seres humanos que se amam. A geração de filhos é considerada uma conseqüência natural dessa vida em comum.

Os católicos modernos enfrentam muitos problemas sociais com relação ao casamento: altos índices de divórcios, casais vivendo juntos fora do casamento, tecnologias de fertilidade que permitem mulheres solteiras terem filhos e outras tensões sobre a união da família tradicional. A Igreja vê essas práticas como problemáticas e chegou a valorizar ainda mais o amor e a fidelidade em um casamento autêntico. Hoje em dia, a Igreja coloca menos ênfase sobre o casamento como um contrato, sobre se cada um dos integrantes do casal é um católico batizado e sobre como os filhos se encaixam nessa moldura.

A Igreja compreende que os casamentos válidos às vezes se tornam insustentáveis para um ou ambos os parceiros. No entanto, dada a natureza indissolúvel do laço do casamento, um católico não pode casar-se outra vez enquanto o antigo parceiro estiver vivo. Uma pessoa que o fizer comete um grave pecado e não pode receber a Eucaristia ou participar plenamente na vida da Igreja. Se uma pessoa tem uma vida casta enquanto o antigo esposo permanece vivo, ela permanece um integrante da Igreja em boa posição.

Dito isso, os esposos que pretendem dissolver um casamento difícil são capazes de fazê-lo pelo processo de anulação. Se uma parte forçou ou enganou a outra para chegar ao casamento, não quer ou é incapaz de consumar o casamento, ou nunca pretendeu ter filhos, a outra parte pode ter o casamento declarado inválido. Mais recentemente, alguns casamentos foram anulados com base em que a "comunidade de amor" não poderia ser realizada ou sustentada.

Finalmente, o Matrimônio continua sendo uma celebração do mistério transcendente do amor e da fidelidade de um casal. A Igreja apóia essas virtudes por meio do aconselhamento e a educação pré e pós-conjugal, ajudando os casais a crescer, desenvolver-se e sustentar o seu afeto e fidelidade ao longo dos anos da sua vida de casado.

Quarta Parte
INTERPRETAÇÃO DAS ESCRITURAS

Os católicos acreditam que uma das maneiras pelas quais Deus se comunica com o Seu povo é por meio da Bíblia, que se divide no Velho Testamento (revelado aos hebreus) e no Novo Testamento (os Evangelhos e outras obras cristãs). A Igreja tem métodos específicos para interpretar as Escrituras e enfatiza a importância da tradição e da autoridade papal nos estudos das Escrituras.

A Igreja acredita que Deus não deixa os fiéis imaginarem os Seus mistérios por conta própria. A Bíblia revela a sabedoria e os ensinamentos de Deus e é uma parte essencial da revelação divina. A doutrina católica sustenta que nem os Evangelhos nem os outros livros da Bíblia são auto-explicativos. Para compreender esses textos e ver as verdades que eles contêm, as pessoas precisam da orientação da Igreja. A maior autoridade na interpretação das Escrituras é o papa.

62

A compilação da Bíblia

A Bíblia católica é uma coleção de poemas, história, literatura e epístolas. O Velho Testamento, retirado da tradição judaica, é composto de escritos hebreus e aramaicos. A Torá (o primeiro dos cinco livros do que se tornou a Bíblia hebraica) orientava a vida devocional dos judeus. A versão que os primeiros cristãos usavam era a Septuaginta, a Bíblia hebraica traduzida para o grego por estudiosos judeus da Alexandria, no Egito, por volta de 250 A.D. No fim do século IV, são Jerônimo fez outra tradução do hebraico para o latim, conhecida como a Vulgata Latina. Edições posteriores da Vulgata continuaram a ser usadas durante os mil anos seguintes.

Os textos que acabaram sendo compilados no Novo Testamento foram compostos na segunda metade do século primeiro A.D., e também no século seguinte, enquanto a nova Igreja crescia e se expandia pela região do Mediterrâneo. Entre esses textos incluíam-se os Evangelhos — Mateus, Marcos, Lucas e João — além de numerosas epístolas e outros textos em grego. Durante o Concílio de Trento, os bispos reunidos reafirmaram quais daqueles textos devocionais seriam aceitos como sagrados. A Igreja acredita que o Espírito Santo orientou os bispos do Concílio de Trento (1545-1563) enquanto eles escolhiam os textos que seriam considerados sagrados. A lista completa é chamada de Cânon das Escrituras.

Ao longo dos séculos, tem sido a prática da Igreja oferecer aos países recém-convertidos versões vernaculares das Escrituras. Nos primeiros 500 anos da história da Igreja, as traduções dos textos sagrados eram comuns. No seu segundo milênio, a Igreja começou a temer heresias e más interpretações do livro e se preocupou com o bem-estar espiritual das pessoas incultas que podiam ler as traduções, assim a Bíblia tornou-se muito menos disponível ao povo leigo.

Em 1564, entretanto, o papa Pio IV começou a permitir que edições vernaculares da Bíblia fossem estudadas por pessoas cultas. Muitos clérigos posteriores tiveram dúvidas quanto aos leigos terem acesso a traduções da Bíblia, mas na época evangélica, quando a Igreja enviava missões a todos os cantos do mundo, a Bíblia foi amplamente traduzida.

A Igreja Católica entende que qualquer Bíblia vernacular é uma tradução imperfeita da mensagem original de Deus. As palavras e as frases tanto em grego quanto em hebreu podem ter vários significados. Um estudioso instruído nesses idiomas deve se reportar às versões mais antigas disponíveis para fazer uma interpretação mais completa.

63

O Velho Testamento

Jesus era judeu e muitos dos Seus primeiros seguidores eram também judeus. Eles consideram a sua crença na morte e Ressurreição de Cristo como uma continuação da tradição judaica. Por meio dos seus patriarcas Abraão e Noé, os judeus tinham estabelecido uma aliança com Deus. Parte dessa aliança era a promessa de que um Messias salvaria a humanidade. O nascimento e a morte de Jesus realizaram a mensagem dos profetas e estabeleceram a Nova Aliança entre Deus e a humanidade. Os textos antigos que prometiam um Messias e contavam a história das pessoas fazem, portanto, parte da tradição cristã.

Na época em que a Bíblia foi compilada, as letras eram copiadas laboriosamente à mão em rolos de pergaminho. No Concílio de Trento, a Igreja localizou 46 livros do Velho Testamento que deviam ser considerados "sagrados e canônicos", sete a mais do que eram incluídos na maioria das Bíblias protestantes. Tanto protestantes quanto católicos mencionam os livros adicionais contidos na Bíblia católica como Apócrifos (da palavra *apocrypha,* que significa "oculto") ou Deuteronômicos (significando "segundo cânon"). Além disso, a Bíblia católica contém parte dos livros de Ester e de Daniel que não aparecem na Bíblia hebraica.

Os primeiros cinco livros do Velho Testamento, conhecidos como o Pentateuco (palavra grega para "cinco livros"), contam as histórias da Criação, a aliança entre Deus e Noé e a lei entregue por Deus a Moisés. Depois do Pentateuco vêm os livros históricos. Esses terminam com os livros de Tobias, Judite e Ester, que relatam histórias pessoais. Depois dos livros históricos vêm os livros sobre a lei, organizados pelo Concílio de Trento de modo a refletir a ordem em que foram escritos. Então vêm os livros dos Profetas: os primeiros quatro são conhecidos como Profetas Maiores e os últimos doze são os Profetas Menores, organizados em ordem cronológica. Finalmente, os Salmos e os Provérbios compõem as obras simplesmente chamadas de Textos.

A maioria dos cristãos, incluindo os católicos, lêem o Velho Testamento do ponto de vista do Cristo crucificado e ressuscitado, mas o Velho Testamento retém o seu próprio valor intrínseco como revelação reafirmada pelo próprio Jesus, que citava freqüentemente os livros incluídos no Velho Testamento.

64

O Novo Testamento

Durante o transcurso dos primeiros quatro séculos do cristianismo, o desenvolvimento do Novo Testamento ocorreu através de um longo e laborioso processo de coleta, análise e aceitação ou rejeição de material. Os livros do Novo Testamento continuaram a ser debatidos e investigados até 397 A.D., quando, no Concílio de Cartago, outro cânon foi liberado e os 27 livros que conhecemos hoje como o Novo Testamento foram definidos por consenso.

Os primeiros pais da Igreja dividiram o Novo Testamento entre os Evangelhos e os Atos — obras que ocorreram durante a vida de Jesus e dos Apóstolos — e os escritos didáticos posteriores. O Novo Testamento começa com os quatro Evangelhos, que têm um lugar especial na Igreja, uma vez que são o âmago de todas as Escrituras e o centro da liturgia. Em seguida, vêm os Atos dos Apóstolos, seguidos pelos textos didáticos — uma série de cartas de Paulo para esparsos grupos de cristãos lutando contra o mundo hostil. As Epístolas Paulinas incluem Romanos, Coríntios 1 e 2, Gálatas, Efésios, Filipenses, Colossenses, Tessalonicenses 1 e 2, Timóteo 1 e 2, Tito, Filêmon e Hebreus. As últimas Epístolas católicas, as Cartas Apostólicas de Tiago, Pedro 1 e 2, João 1, 2 e 3, e Judas, são cartas adicionadas durante a vida da Igreja. O Novo Testamento se encerra com o Livro da Revelação do Apocalipse. Muitos dos textos foram provavelmente concluídos pelo ano 125 A.D., embora alguns podem ter sido escritos consideravelmente depois.

Os católicos acreditam que o Novo Testamento deve ser lido do ponto de vista do Velho. Os primeiros catequistas cristãos faziam uso constante do Velho Testamento. Quando os pesquisadores contemporâneos da Igreja buscam uma interpretação bíblica, eles podem consultar os textos adicionais hebraicos, aramaicos e gregos, incluindo versões mais primitivas da Bíblia e obras como a dos Pergaminhos do Mar Morto ou o Nag Hammadi.

Em 1947, pastores beduínos em busca de uma ovelha perdida no deserto da Judéia encontraram alguns vasos em uma caverna. Os arqueólogos escavaram depois as ruínas de construções de Qumran entre escarpas próximas às cavernas e o mar Morto, o que levou à descoberta de milhares de pergaminhos e fragmentos espalhados em onze cavernas. Escritos durante o final do Período do Segundo Templo — a época em que Jesus viveu —, os Pergaminhos do Mar Morto predatam outros manuscritos das escrituras sobreviventes de quase mil anos.

Em 1945, um colono árabe inesperadamente descobriu uma coleção de mais de cinqüenta textos em Nag Hammadi, no Egito, tais como aqueles de Tomás e Felipe, escritos antes que uma única versão do cristianismo ortodoxo tivesse sido definida. O gnosticismo, que foi finalmente considerado como heresia, preocupava-se mais com a revelação divina como uma força contínua, em vez do desenvolvimento de um credo estático, padronizado. Entre outras coisas, os gnósticos acreditavam no poder da revelação e nas experiências individuais, assim como na natureza dual — masculina e feminina — do divino.

Ao longo dos últimos cinqüenta anos ou mais, os Pergaminhos do Mar Morto e os manuscritos de Nag Hammadi despertaram o interesse público. Por causa dessas descobertas recentes, o Novo Testamento está passando por uma reavaliação.

65

O ensinamento da Igreja sobre a infalibilidade

De acordo com o Catecismo da Igreja Católica, "Para que o Evangelho pleno e vivo possa sempre ser preservado na Igreja, os Apóstolos deixaram os bispos como os seus sucessores. Eles lhes deram 'a sua própria posição de autoridade de ensino'". Na verdade, "a pregação apostólica, que é expressa de uma maneira especial nos livros inspirados, era para ser preservada em uma linha de sucessão contínua até o fim dos tempos".

Por meio dessa linha de sucessão contínua, a Igreja foi capaz de definir a sua autoridade e estabelecer um sistema de crenças e tradições que remontam aos primeiros dias do cristianismo e ao tempo da descida do Espírito Santo. Como conseqüência dessa sucessão, desenvolveu-se uma tradição segundo a qual algumas das leis publicadas pelo papa eram consideradas infalíveis, e essa é a razão pela qual a Igreja foi capaz de estabelecer os livros que verdadeiramente pertenciam à Bíblia. (Espera-se, portanto, que os católicos aceitem a interpretação da Igreja da Palavra de Deus conforme inspirada pelo Espírito Santo.)

O dogma da infalibilidade papal só foi promulgado formalmente no Concílio Vaticano I (1869-1870). Como a cabeça visível da Igreja, o papa é infalível nos seus ensinamentos em questões de religião e moralidade. Entretanto, a Igreja reconhece o fato de que os papas podem cometer e cometem enganos nas suas ações. Assim sendo, o ensinamento deve hoje ser "recebido" por toda a Igreja como sendo verdadeiramente infalível. Essa é realmente uma definição modificada da infalibilidade papal, criada pelo Concílio Vaticano II em 1965.

Esse conceito evoluído da infalibilidade facilitou as discussões ecumênicas com outras religiões. Por exemplo, o papa João Paulo II, na suas aberturas à Igreja Ortodoxa Oriental, reconheceu que a Igreja errou e contribuiu para o Grande Cisma que dividiu a Igreja Católica.

Não só o papa é considerado como infalível; a Bíblia em si, sendo a Verdade de Deus, é considerada igualmente infalível. A Igreja Católica considera todas as Escrituras como sendo a Palavra sagrada de Deus ditada por meio do Espírito Santo e, assim, elas são inteiramente verdadeiras e corretas. A Igreja reconhece, porém, que a Bíblia às vezes contém versos e advertências contraditórios. Conseqüentemente, os pais da Igreja acreditam que cada passagem deve ser estudada no contexto em que foi originalmente escrita e do ponto de vista da mensagem global do amor de Deus. (Veja o Número 67.)

∞ 66 ∞
COMO OS CATÓLICOS INTERPRETAM AS ESCRITURAS?

Os católicos não interpretam as Escrituras como a mensagem total de Deus, mas como um componente — a mensagem escrita que deve ser interpretada juntamente com as tradições orais transmitidas pelos Apóstolos. Por meio do exemplo da vida e da obra deles, da sua pregação depois da morte de Jesus e das instituições que eles estabeleceram, os Apóstolos continuaram a transmitir o Evangelho. Os líderes atuais da Igreja, os bispos, são sucessores diretos dos Apóstolos, transmitindo através das eras a sabedoria aprendida nos primeiros tempos.

As tradições e crenças adquiridas pela Igreja são tão importantes quanto as palavras escritas na Bíblia. Sozinha, a Bíblia não é suficiente para a compreensão de toda a mensagem cristã. Os católicos devem também ouvir o ensinamento da Igreja para compreender as Escrituras. A Igreja Católica considera as entrelinhas para entender a intenção do Grande Autor.

A tradição da Igreja inclui uma longa e fértil herança de interpretações bíblicas. O Espírito Santo fala aos pais da Igreja para ajudá-los a interpretar a Bíblia, mas eles só podem compreender dentro dos limites do atual conhecimento humano. Dar uma interpretação autêntica da Palavra de Deus, seja na sua forma escrita ou como tradição, foi confiado à Igreja, um ofício vivo de ensinamento instituído por Jesus Cristo. Na Igreja, a autoridade da interpretação está com os bispos e o papa. O função dos católicos comuns é aceitar e compreender esses ensinamentos.

De acordo com a Igreja Católica, a Bíblia não contém toda a verdade de Deus. A função da Igreja é revelar a verdade de Deus ao longo das eras, e assim a Igreja em si é um instrumento para proclamar a Palavra de Deus. Ela é uma testemunha e guardiã da revelação e portanto mais qualificada do que as pessoas individualmente para determinar o significado da Palavra Divina.

Na sua insistência em equilibrar as Escrituras com a tradição, a Igreja Católica continuou uma tradição judaica de interpretação oral, ou elaboração, da lei. Ao tornar Pedro a rocha sobre a qual Ele construiria a Sua Igreja, Jesus estabeleceu uma hierarquia. O papa ou o bispo de Roma é o sucessor de Pedro. Cada um desses líderes da Igreja é considerado como tendo o poder e o acesso ao Espírito Santo. A Igreja Católica continua essa tradição de sucessão apostólica até os dias atuais.

Os católicos compartilham a convicção de que a Bíblia é a Palavra de Deus. O Espírito Santo inspirou e falou por meio dos autores das Escrituras. Embora eles fossem normalmente homens que adquiriram conhecimento por meio de canais comuns, eles falaram com a autoridade divina. A Bíblia é uma fonte constante de revelações à medida que os pais da Igreja tornam a interpretar a Palavra de Deus para a idade moderna. Ela também é um mistério constante, uma vez que a compreensão humana não se estende a todo o poder da mensagem de Deus.

O CONTEXTO HISTÓRICO E ESPIRITUAL DA BÍBLIA

Nas Escrituras, Deus falou aos seres humanos de uma maneira que eles pudessem entender. Para interpretar corretamente as Escrituras, o leitor deve estar consciente do que os autores humanos verdadeiramente queriam afirmar e o que Deus queria revelar. Os bispos, padres e leigos instruídos em teologia passaram horas incontáveis tentando decifrar os significados das palavras e histórias da Bíblia.

A Bíblia é uma obra de história e literatura, mudando da genealogia e relatos históricos para poesia e parábolas. É um texto muito antigo que foi copiado por escribas vezes sem conta. Além disso, é uma obra de tradução do antigo hebreu, aramaico e grego, idiomas falados milhares de anos atrás.

A Bíblia reflete uma história de um determinado povo, as tribos de Israel no Velho Testamento, seguida pela história do início da Igreja Cristã no Novo Testamento. Os pesquisadores e historiadores católicos concordam sobre a historicidade da tradição evangélica, mas discordam sobre até que ponto cada história evangélica pode ser confirmada como histórica. A Igreja admite que muitos textos foram influenciados pelo contexto histórico da época e podem ter muito menos importância para as gerações posteriores.

As histórias da história dos israelitas e dos descendentes de Abraão são uma das maneiras pelas quais Deus mostra a Sua presença no mundo. Deus se comunica com os seres humanos gradualmente, com as Suas palavras e as Suas ações. Entre essas incluem-se o grande dilúvio, a escolha de Abraão para liderar o povo de Deus e o Êxodo da escravidão no Egito. O plano divino de revelação começa no Velho Testamento, mas o plano não é totalmente revelado até o Novo Testamento. Nas histórias hebraicas, Deus está preparando os seres humanos para a pessoa e a missão da Palavra encarnada, Jesus Cristo.

Manter tudo isso em mente é importante. Os leitores devem se lembrar de que embora possa haver um significado literal em muitas histórias e passagens da Bíblia, há quase sempre um significado espiritual também. Na verdade, uma leitura proveitosa das Escrituras deveria abranger quatro sentidos:

1. **Um sentido literal:** o significado literal da passagem como uma história ou instrução.
2. **Um sentido alegórico:** uma compreensão mais profunda dos acontecimentos do Velho Testamento pode ser obtida pela compreensão dos seus paralelos com o Novo Testamento.
3. **Um sentido moral:** as Escrituras são produzidas para a nossa instrução e devem nos levar a agir de modo justo.

4. **Um sentido analógico:** podemos considerar os acontecimentos atuais em termos da sua significação eterna. *(Analógico* deriva do grego *anagoge,* "direção".)

∞ 68 ∞

SIMBOLISMOS E METÁFORAS DA BÍBLIA

As interpretações católicas admitem que a Bíblia é cheia de símbolos e metáforas que não devem ser considerados literalmente. À medida que a ciência e o conhecimento humano avançam, a Igreja tem sido capaz de reconciliar as histórias da Bíblia com o conhecimento atual. Em contraste, algumas comunidades protestantes consideram a Bíblia literalmente e acreditam, por exemplo, que a história humana começou 6 mil anos atrás com a Criação.

Os pesquisadores católicos observam o mito e a lenda envolvidos em algumas histórias bíblicas, que podem ter sido escritas depois de ser passadas oralmente ao longo de gerações. O mito da Criação é um exemplo do uso de símbolos para mostrar o plano de Deus para o mundo. A Igreja não insiste que seja pura história. Em vez disso, está disposta a admitir a teoria da evolução e as teorias científicas que tentam explicar a origem da Terra. O mito da criação é considerado uma metáfora para o grande plano de Deus para o mundo. Deus fez tudo o que existe, e tudo o que Ele fez é bom. Por meio da evolução, Ele permite que formas de seres superiores surjam das formas inferiores, menos complexas, e o Seu pináculo da criação é a humanidade.

O arco-íris é um símbolo poderoso da aliança de Deus com Noé e os seus sucessores. A travessia do mar Vermelho é um sinal da vitória de Cristo e também do batismo cristão. Uma jornada no deserto é uma metáfora poderosa para uma busca espiritual — Jesus realizou essa jornada, seguindo o exemplo do Seu patriarca Moisés e dos profetas. A água é outro símbolo recorrente em toda a Bíblia — ela purifica os pecados e simboliza a nova vida.

Os católicos vêem a Bíblia como uma obra literária que foi escrita por pessoas que estava falando aos seus contemporâneos. Como uma obra de literatura, ela contém imagens e histórias que ilustram da melhor maneira possível as questões que o escritor queria enfatizar.

A exemplo de toda literatura, alguns livros da Bíblia são mais fortes do que outros. A Igreja considera alguns trechos mais bem escritos, e alguns são mais cheios da força do Espírito Santo do que outros. Os teólogos e autores geralmente consideram o Livro de Jó como uma obra de alta literatura. Alguns livros, como os Salmos e o Cântico dos Cânticos, foram escritos como poesia.

No Novo Testamento, os autores do Evangelho esforçaram-se para ligar o nascimento de Jesus e os acontecimentos da Sua vida às previsões messiânicas do Velho Testamento. Há paralelos místicos cruzando as histórias bíblicas, como a dos quarenta dias da jornada de Noé e os quarenta dias de Jesus no deserto, e os três dias de Jonas na baleia e os três dias de Cristo no Inferno. O novo mandamento de Jesus, amar uns aos outros, é uma extensão dos dez mandamentos dados ao povo judeu por Moisés.

As histórias enfatizam a maneira como Jesus viveu a Sua mensagem. Por exemplo, Ele é freqüentemente mostrado trabalhando com os pobres, os enfermos e os socialmente excluídos. Símbolos como a árvore e a cruz, o vinho e a videira, o pão e o vinho aparecem repetidamente nos textos para ilustrar a aliança de Jesus com o mundo. As parábolas — os casos de Jesus ilustrando o relacionamento dos homens com Deus — são histórias poderosas dentro dos Evangelhos.

Por que a Igreja uma vez desencorajou os leigos a ler a Bíblia — e como isso mudou

Os católicos acreditam que o estudo aumenta o seu sentido da realidade espiritual e as Escrituras podem se ampliar dependendo de quem as lê. As Escrituras — incluindo tanto o Velho quanto o Novo Testamento — devem ser um componente integral da vida diária de todo católico. Embora os leigos católicos tenham sido em certa ocasião desencorajados da leitura da Bíblia, a importância de estudar o Livro Sagrado tanto na igreja quanto em casa tem sido enfatizada desde o Concílio Vaticano II.

No passado, os representantes da Igreja se preocupavam que pudesse fazer mal os leigos estudarem as Escrituras porque eles estariam em perigo de interpretar erroneamente as passagens bíblicas. Portanto, os representantes decretaram que as Escrituras só podiam ser interpretadas por pessoas ordenadas na Igreja. Hoje em dia, porém, a leitura e a compreensão da Bíblia não parece ser a tarefa ameaçadora que foi outrora. A Igreja notou recentemente um entusiasmo e um interesse crescentes pela Bíblia entre os leigos católicos, que formam grupos de estudo e se reúnem informalmente para ler e discutir as Escrituras.

Hoje em dia, os católicos dão grande importância à catequese — uma instrução sobre a fé — das crianças, jovens e adultos. Essa inclui especialmente o ensinamento da doutrina cristã e o estudo da Bíblia, assim como uma consciência da interpretação da Igreja e da história da Igreja. As escolas católicas começam o processo de instrução com aulas de religião e vida familiar. Mas os catequistas cristãos continuam com o estudo da Bíblia pelos adultos, devoções e estudos individuais e as mensagens que os católicos recebem durante a Missa dos seus padres.

A Igreja acredita que o acesso às Sagradas Escrituras devia ser livremente disponibilizado aos fiéis, onde quer que eles vivam. Ela exorta a todos os fiéis cristãos a aprender "o transcendente conhecimento de Jesus Cristo" pela leitura freqüente da Bíblia. Como sempre, a Bíblia é uma fonte à qual os católicos retornam em busca de apoio, conforto, orientação e alimento para a alma.

Ainda assim, o catolicismo não é uma "religião do livro". Ele é a religião da Palavra de Deus, uma palavra viva que requer uma tradição vibrante de interpretações pelos bispos e padres que instruem os crentes. Ao mesmo tempo, o Espírito Santo deve estar atuando para abrir a mente dos seres humanos com a compreensão.

Quinta Parte
PRÁTICAS E COSTUMES

A fé católica é profundamente imersa no ritual e na tradição. As práticas e os costumes católicos evoluíram através dos séculos, seja por meio de decretos formais da hierarquia da Igreja, seja pelo desenvolvimento mais informal dos rituais na própria comunidade devota.

A liturgia incorpora as expressões formalizadas, ou ritos, de adoração pública em muitas religiões, e o catolicismo certamente desenvolveu o seu próprio conjunto litúrgico. A Igreja Católica ensina que as pessoas que participam da liturgia são santificadas por ela. A palavra *liturgia* deriva de uma palavra grega que significa "deveres públicos", porque as liturgias são sempre conduzidas em locais públicos. Existem dezenas de orações a que os católicos podem recorrer de acordo com a ocasião e cada expressão específica de fé e crença. Mas alguns tipos especiais de orações e práticas, tais como as Estações da Via Sacra e o Rosário, são altamente devocionais e simbólicos por natureza. Essas orações são tão elaboradas que se parecem mais com cerimônias ou ritos religiosos.

70
O CULTO RELIGIOSO COMO UMA FAMÍLIA

A família é a unidade vital e central de toda paróquia católica. Na verdade, a metáfora da família inspira toda a estrutura da Igreja Católica. A família é uma unidade inviolável, algo que dá uma grande força, conforto e apoio à fé. Uma família feliz e saudável conduz a uma vida feliz e saudável em geral, portanto não é coincidência que a Igreja considere o início de uma família — o Matrimônio — algo tão importante que é um dos sete sacramentos.

A família católica é unida pelos laços da oração. A oração leva santidade à família e cria um ambiente ritualístico no qual a família pode se unir em torno dos seus desejos e da sua fé comum. Os pais ensinam as orações aos filhos bem cedo e as crianças crescem com uma profunda ligação com a oração como uma forma de comunicação com a família e com Deus.

A graça antes de cada refeição é uma maneira comum pela qual as famílias atraem Deus para a sua vida diária. O alimento significa conforto e sustento. É importante lembrar que ele não chega à mesa por si mesmo. Os pais o fornecem e preparam. E Deus fez o mundo do qual saem os alimentos. Agradecer a Deus é uma boa maneira de lembrar aos filhos para não contar com que tudo esteja garantido na vida.

Muitas crianças também aprendem a fazer uma oração simples antes de ir para a cama. O simples ritual de fazer uma oração na hora de dormir ajuda a acalmá-las, forma um laço amoroso com os pais e fomenta um hábito para o resto da vida. Mais importante ainda, estabelece uma base para o desenvolvimento da fé quando as crianças crescerem. Eis um exemplo simples de oração para a hora de dormir que muitos pais católicos ensinam aos filhos pequenos:

Mateus, Marcos, Lucas e João,
Abençoem a cama em que eu durmo.
Quatro anjos rodeiam a minha cama,
Dois ao pé e dois à cabeceira.

A família também se fortalece pela devoção semanal ao culto de domingo. Comparecer à Missa em família enriquece a união. Rezar e fazer as devoções juntos durante a liturgia dissemina um calor que não pode ser negado. Isso eleva a todos e ajuda-os a sentir-se um pouco melhor consigo mesmos. Quando as crianças crescem, participar da celebração da Eucaristia é enobrecedor. As crianças se transformam em soldados de Cristo e se encaminham para tornar-se integrantes habilitados dentro da congregação.

Depois de ser instruída nos hábitos devocionais simples, a criança católica provavelmente freqüentará uma escola católica ou terá aulas numa igreja católica para aprender o catecismo adequadamente e receber mais ensinamentos disciplinares católicos. Durante as aulas na igreja, as crianças recebem uma introdução adaptada à idade sobre as histórias da Bíblia. Isso lhes dá uma prova dos grandes mistérios que constituem a base do catolicismo assim como uma instrução sobre o catecismo para ajudá-las a iniciar a sua jornada para se tornar adultos católicos com uma compreensão sólida das crenças católicas.

Em última análise, contudo, são os pais que estabelecem a base da educação. Ensinando os filhos sobre as orações e as Escrituras, e tornando-as parte da vida diária, os pais dão aos filhos um modelo exemplar de auxílio pessoal e meditação pelo resto da vida.

71

Confiança na comunidade de fé

Os católicos são pessoas comunitárias. Eles sentem necessidade de fazer parte de uma comunidade maior e de receber um retorno crítico dos demais simpatizantes do seu ideal. Conforme está expresso em Efésios 4:4, há "um só corpo e um só Espírito", assim como "também fostes chamados em uma só esperança da vossa vocação". Em sentido espiritual, os católicos querem apoio e companhia na sua jornada para Deus. Muitos católicos gostam de enriquecer a sua experiência de pertencer a uma comunidade de fé por causa da interação e dos relacionamentos que criam ali entre as pessoas com interesses e crenças comuns.

A paróquia é o epicentro de cada comunidade católica. Ali, você encontra pessoas que buscam Deus juntas na oração e nas devoções católicas. Mas também há um movimento crescente no sentido de "comunidades de fé" mais descontraídas, reuniões sociais menores na igreja ou até mesmo em centros especialmente construídos para essa finalidade (normalmente ligados à capela ou igreja), onde as pessoas se reúnem para conversar e orar. Esses são grupos mais informais que, em um certo sentido, representam uma tradição maravilhosa que remonta às primeiras reuniões dos cristãos, quando as pessoas se encontravam em residências particulares para praticar a sua fé em segredo.

Para alguns, uma comunidade de fé pode ser encontrada em um mosteiro; para outros, ela pode ser um grupo de oração. Os estudantes de faculdade podem encontrar um lar espiritual em um centro devocional no próprio campus da universidade. Com a finalidade de atender as necessidades espirituais dos estudantes, algumas universidades católicas oferecem esses centros para as reuniões. Em um sentido mais amplo, os colégios católicos são comunidades de fé, porque cada aluno é cercado por outros que compartilham uma mesma formação católica.

Os centros espirituais permitem às pessoas um grau maior de compreensão e participação na sua fé ao mesmo tempo que reforçam o sentimento de comunidade. Em um ambiente de grupo, as orações tornam-se muito mais significativas e também mais naturais, uma vez que as pessoas compartilham a sua devoção com os amigos.

Esforçando-se para alcançar a maneira ideal de orar

A Igreja Católica acredita profundamente no poder das orações para estabelecer e sustentar um relacionamento espiritual muito intenso entre Deus e os seres humanos em Cristo. Alguns católicos chamam essa postura devocional de "ficar na companhia de Deus". O Catecismo católico refere-se a isso como uma relação de aliança. A exemplo de tudo mais na Igreja, a fonte inesgotável das orações é Cristo feito homem, que é o supremo ato de amor do Criador.

A revelação, ou invocação da oração, ocorre primeiro no Velho Testamento e depois é fortalecida no Novo Testamento. Mais do que isso, o estilo e o espírito das orações mudam do Velho Testamento para o Novo Testamento. O Velho Testamento é cheio de orações de lamentação. No Novo Testamento, há muitas orações de petição e esperança em Cristo ressuscitado.

Os católicos se esforçam para alcançar a maneira ideal de orar. Devoção (ou crença profunda), concentração, reconhecimento da dependência de Deus, uma sensação de gratidão em relação ao Todo-poderoso e atitudes de veneração e louvor são todos elementos que fomentam essa maneira ideal de orar. O exemplo colocado diante deles é o que a Igreja chama de "oração filial" de Jesus — o modo como faz a oração quando se dirige ao Seu Pai assim como o Seu exemplo de vida e sacrifício. A Igreja diz que a oração filial, que se caracteriza pela solidão, é o modelo ideal da oração no Novo Testamento.

Entre as principais orações da Igreja Católica destacam-se as seguintes:

Pai-nosso
Ave-maria
Glória
Credo dos Apóstolos
O Rosário (um ciclo de orações que inclui diversas combinações das mencionadas acima, mais a oração salve-rainha)

(A enunciação da oração do pai-nosso é apresentada abaixo; veja o Número 73 para o início do Credo dos Apóstolos. Para a enunciação das outras orações mencionadas acima, visite *www.montfort.org.br.*)

O pai-nosso é a oração fundamental da Igreja Católica. O próprio Jesus ensinou-a aos Apóstolos e ela é considerada um resumo dos mais importantes ensinamentos dos Evangelhos. Os católicos de todos os lugares fazem essa oração durante o transcurso de toda Missa. Na verdade, essa oração, juntamente com a ave-maria, é a oração mais comum feita pelos católicos, entre os milhares de outras que estão disponíveis.

Pai-nosso
Pai nosso que estás no Céu,
santificado seja o teu nome.
Venha a nós o teu reino.
Seja feita a tua vontade, assim na Terra como no Céu.
O pão nosso de cada dia nos dá hoje,
e perdoa as nossas ofensas,
assim como perdoamos a quem nos tenha ofendido,
e não nos deixes cair em tentação,
mas livra-nos do mal.
Pois teu é o reino, o poder e a glória para sempre.

Embora simples na sua enunciação, a mensagem do pai-nosso é extremamente poderosa.

෴ 73 ෴

Por que os católicos confiam nos santos?

Os católicos acreditam que os seres humanos podem ser levados a compartilhar uma consciência maior com Deus por meio da força de determinados intercessores venerados pela Igreja Católica. Um anjo, um santo, uma pessoa santa ou um padre podem interferir em favor da causa de um crente junto a Deus ou, em outras palavras, ser um mediador entre o crente e o Senhor.

A mediação é um processo que faz uma ponte sobre a divisão entre o humano e o divino. Os santos, especialmente a Virgem Maria, receberam o seu poder espiritual de Cristo, o supremo mediador, e podem interceder junto a Deus para que confira a Sua graça aos humanos.

Os santos são os líderes espirituais e modelos a serem imitados pela comunidade católica, aqueles que tiveram uma vida de grande piedade e sacrifício e estabeleceram um exemplo brilhante como espíritos puros e imaculados. Os primeiros santos foram mártires — aqueles que morreram pela sua fé. Esses mártires eram iluminados e os fiéis dedicavam-lhes uma imensa devoção. Nos dias do início da Igreja, os cristãos se reuniam nos aniversários das mortes desses santos para reverenciá-los. Quando terminou a perseguição, houve uma efusão de amor e homenagens, que resultaram em túmulos imensos e liturgias especiais. O calendário litúrgico foi inundado com um dia de festa para cada santo.

A devoção aos santos, uma tradição católica cultivada há muito tempo, parece ter diminuído nos últimos anos. As Escrituras não insistem realmente em um vínculo místico com os santos em nenhuma profundidade. Ainda assim, a devoção aos santos pode ser um auxílio importante no transcurso de uma vida católica em um mundo turbulento, e certamente se espera que os católicos acreditem na "comunhão dos santos", que estão com Deus no Céu mas ainda assim em comunhão com os seguidores na Terra por meio de uma fé comum.

Essa crença é preservada no Credo dos Apóstolos, que declara: "Creio no Espírito Santo; na santa Igreja Católica; na comunhão dos santos". Ele é um recurso e uma escolha valiosa para a comunidade. Os santos podem ser invocados para interceder junto a Deus em nome dos fiéis. (No Concílio Vaticano II, a Igreja confirmou o seu ensinamento de que os católicos devem orar pela intercessão dos santos.) Os católicos também podem receber orientação desses heróis e heroínas da fé pelas suas virtudes de compaixão, perdão, honestidade, justiça, paciência e sabedoria.

Muitos dos santos foram escritores inspirados. Hoje em dia, os católicos pesquisam as palavras e as obras de santos como santo Inácio de Loyola, santa Teresa de Ávila, santa Teresa de Lisieux e santa Clara, que — entre outros — ajudaram a aprofundar a compreensão de Deus.

74

A DEVOÇÃO A MARIA ATRAVÉS DOS TEMPOS

A Abençoada Virgem Maria, a Mãe de Deus, é uma das santas mais veneradas e uma das personagens mais importantes da liturgia católica. A Igreja proclamou cinco dogmas (ou verdades) marianos, os quais são seguidos pelos crentes devotos. Esses dogmas declaram que Maria é a Mãe de Deus; que Maria é uma virgem perpétua; que ela nasceu de Imaculada Conceição (concebida sem pecado original); que ela subiu ao Céu e não sofreu a desintegração da morte; e que ela é a Mãe da Igreja.

Maria incorpora os grandes impulsos maternais de bondade e sabedoria. Desse modo, Maria é venerada em todo o mundo. E ainda assim muito pouco se sabe sobre a verdadeira vida dela. O que sabemos na maior parte deriva das Escrituras canônicas, especialmente os Evangelhos.

Nos Evangelhos, Marcos, Lucas e João, cada um deles, trata a função de Maria na vida e nas obras de Jesus Cristo de uma maneira muito diferente. (O quarto Evangelho, o Evangelho de Mateus, é bastante semelhante ao Evangelho de Lucas.) As diferenças entre os retratos que fazem de Maria têm implicações tanto sobre como a Igreja a compreende como sobre as devoções marianas praticadas pelos crentes. Muitos católicos são favoráveis às imagens de Maria do Evangelho de Lucas, que descreve a Anunciação e inclui uma passagem que exalta as virtudes de Maria.

O Evangelho de Lucas mostra Maria como piedosa e obediente a Deus quando descreve o nascimento de Jesus, a homenagem dos pastores e a apresentação no Templo. Na maior parte, Maria parece compreender o papel que desempenhava no plano divino.

No entanto, Marcos e João às vezes retratam Maria de uma perspectiva menos positiva. Considere a passagem de Marcos 3:20-35 como um exemplo. Nessa passagem, Jesus e os Seus discípulos estão em uma casa próxima ao mar da Galiléia e uma enorme multidão se aglomerou do lado de fora. A família de Jesus vem para levá-lo embora, temendo pela Sua integridade. Eles dizem: "Ele está fora de si". Quando alguém conta a Jesus:

"Eis que tua mãe e teus irmãos estão lá fora e te procuram", Ele replica: "Eis aqui minha mãe e meus irmãos. Aquele que fizer a vontade de Deus, esse é o meu irmão, irmã e mãe". Essa passagem pode levar a supor que Maria não fosse um dos discípulos originais, e Marcos nunca diz que ela em algum momento chegasse a sê-lo.

O Evangelho de João inicialmente parece mostrar que Maria não tem pleno conhecimento do plano divino. No entanto, no fim do seu Evangelho, vemos a Virgem Maria ao pé da cruz com o próprio João, um dos discípulos de Jesus. Jesus diz para a Sua mãe: "Mulher, eis aí o teu filho", e para João: "Eis aí tua mãe". A Igreja interpreta essa passagem como Jesus dando a Sua mãe uma função espiritual como mãe dos discípulos. Essa função de discipulado é considerada como sendo o que originou as grandes doutrinas e devoções a Maria que mais tarde se desenvolveram na Igreja.

As devoções a Maria cresceram e minguaram ao longo da história da Igreja, dependendo da disposição da época, dos métodos doutrinários dos teólogos e dos pontos de vista dos papas. No Oriente, as devoções a Maria foram muito intensas, e as lendas e hinos marianos em homenagem a ela eram populares. Novas igrejas foram dedicadas a Maria. Os cristãos comemoravam dias de festas marianas e cantavam hinos à Virgem.

No Ocidente, a devoção a Maria só foi amplamente praticada depois da época de santo Ambrósio (339-397 A.D.), que acreditava que Maria só poderia ter sido a Mãe de Deus com uma pureza física e moral e afirmou o relacionamento próximo dela com a Igreja.

Durante o período da Idade Média, a mariologia bizantina começou a exercer grande influência sobre a Igreja na Europa. Hinos como "Ave Maria Stella", em que Maria é comparada à Estrela do Mar, foram acrescentados às práticas devocionais católicas. A Igreja Católica começou a considerar Maria como radiante, pura e acima dos anjos, uma mulher que redimiu a humanidade da maldição do pecado original de outra mulher, Eva. Maria foi venerada como a Arca da Salvação, a escada pela qual os pecadores sobem ao Céu.

Em 1124, Eadmer, chantre de Canterbury e um discípulo de santo Anselmo, produziu o primeiro manifesto sobre a doutrina da Imaculada

Conceição, a qual sustentava que Maria está livre do pecado original porque ela é a Mãe do Redentor e Imperatriz do Universo.

A doutrina demorou para ser aceita. Santo Tomás de Aquino sustentava que, por ter sido concebida, Maria devia ter nascido com o pecado original. Mais de um século depois, porém, John Duns Scotus argumentou de maneira convincente que Maria foi preservada do pecado original em antecipação da divina bondade de Cristo. Em 1476, o papa Sisto IV aprovou a festa da Imaculada Conceição. A doutrina da Assunção também começou a ganhar força durante a Idade Média.

No fim da Idade Média, as devoções marianas tinham se tornado excessivas e até mesmo supersticiosas. Com a Reforma, os protestantes rejeitaram a devoção excessiva a Maria, embora não tenham abandonado as doutrinas marianas totalmente. Lutero e Calvino acreditavam na sua perpétua virgindade e no respeito dedicado a ela como a mãe de Cristo. No entanto, Calvino rejeitou a função essencial de Maria como uma intercessora de todos os pecadores, e os protestantes gradualmente deixaram de lado as devoções a Maria, ao passo que na Igreja Católica as devoções a Maria ganharam força.

As devoções marianas nos tempos modernos

O Iluminismo, uma época de pensamento racional e raciocínio científico, viu o declínio da popularidade das devoções marianas porque elas foram consideradas como excessos emocionais deixados por uma época ultrapassada. No entanto, a Igreja sentiu agudamente as conseqüências do Romantismo, que reavivou o interesse pelos estados emocionais e místicos. No século XIX, com a forte aprovação dos papas, as devoções a Maria ressurgiram na corrente dominante do catolicismo. Pio IX (1846-1878) foi um defensor da causa da devoção a Maria como um antídoto ao racionalismo liberal e proclamou o dogma da Imaculada Conceição em 1854.

A compreensão de Maria e do seu papel na Igreja continuaram a mudar e se desenvolver ao longo do século XX. O papa Pio XII, que liderou a Igreja de 1939 a 1958, foi um devoto da Nossa Senhora de Fátima; ele consagrou o mundo ao Imaculado Coração de Maria e definiu a doutrina da Assunção — segundo a qual Maria, a exemplo do filho, subiu ao Céu, de corpo e alma. Pio XII também proclamou 1954 como um ano mariano, dedicado à comemoração do 100º aniversário do dogma da Imaculada Conceição.

Exatamente doze anos depois de o dogma da Assunção ter sido aprovado, o Concílio Vaticano II reuniu-se em Roma para discutir questões relativas às doutrinas e à fé católicas. Em especial, algumas discussões examinaram a devoção mariana.

O concílio concluiu que Maria devia ser considerada como uma colega integrante da Igreja, não como um ser semidivino. O concílio também concluiu que os católicos devia se reportar às Escrituras para compreender Maria e a função dela na Igreja. Os pais da Igreja advertiram os católicos a não colocar a crença no poder de intercessão de Maria acima da sua crença em Jesus Cristo como o único mediador entre Deus e os seres humanos. Toda a capacidade de Maria de mediar repousa no poder de Cristo, e a veneração de Maria deve fomentar o nosso relacionamento com Ele. Cristo é o único que deu a Si mesmo pela redenção da humanidade. Maria, dando-se à vontade de Deus ao longo da vida, é o modelo de um bom cristão, mas ela não tem poderes especiais. A Igreja refere-se à veneração prestada a Maria como "hiperdulia" por causa da diferença em grau das outras formas de veneração; ela é superior à veneração aos santos, mas inferior à veneração destinada a Deus.

Entretanto, o Concílio Vaticano II apoiava as interpretações mais benignas da função de Maria no ministério de Cristo. Além de ser a Mãe de Deus e Mãe do Redentor, Maria também "pertence à linhagem de Adão e é igual a todos os seres humanos na sua necessidade de salvação". Essa é uma posição que se baseia mais nos Evangelhos e nos primeiros ensinamentos da Igreja.

Além disso, no encerramento da terceira sessão do Concílio Vaticano II (das quatro sessões mantidas no total), o papa Paulo VI declarou Maria a Mãe da Igreja, o modelo da Igreja de fé, caridade e perfeita união com Cristo. A Igreja, como uma mãe, gera os seus filhos para o Batismo. Embora Maria tenha atingido a perfeição, os católicos devem considerar que a Igreja procura seguir o exemplo dado por Maria.

Enquanto a Igreja moderna reavaliava a posição de Maria, os teólogos feministas também redefiniram a sua compreensão das funções das mulheres na Igreja segundo a perspectiva do exemplo de Maria. Eles argumentaram que se Maria é mãe e ministra para os Apóstolos, as mulheres devem ter o direito a uma função mais ampla no ministério da Igreja. Muitas feministas rejeitaram a visão de Maria como submissa à vontade de Deus e argumentaram que o amor dela constitui a pedra fundamental da Igreja.

O papa João Paulo II recentemente enfatizou as crenças que a Igreja Católica Romana e a Igreja Ortodoxa Oriental compartilham com relação a Maria para ajudar a fazer avanços no sentido de reedificar o cisma entre as duas. Em especial, ele enfatizou a crença no título de Maria como a Mãe de Deus e "reconheço que o mistério de Cristo nos leva a abençoar a Sua mãe". João Paulo também mencionou a história comum que os católicos e a Igreja Ortodoxa Oriental têm na veneração das imagens da Virgem.

Um considerável número de aparições de Maria, muitas a crianças e jovens, aconteceu nas últimas centenas de anos. Entre elas se destacam a de Lourdes, na França, no século XIX; a de Cova da Iria, em Portugal, em 1917; e em Medjugorje, na Iugoslávia, na década de 1980. Ao longo da década de 1980, aparições foram documentadas na Irlanda, no Egito e na Itália. As testemunhas geralmente dizem que quando viram Maria, ela trazia uma mensagem — buscar a paz, para construir uma comunidade de fé, ou para retornar a uma vida mais espiritual. Essas aparições fortaleceram a devoção mariana nos últimos tempos.

Ao longo de todo o ano, a Igreja comemora várias festas em honra de Maria:

1º de janeiro: Solenidade de Maria, Mãe de Deus.
31 de maio: A Visitação da Abençoada Virgem Maria.
1º de julho: Imaculado Coração de Maria.

15 de agosto: A Festa da Assunção.
22 da agosto: Reinado da Abençoada Virgem Maria.
8 de setembro: Nascimento da Abençoada Virgem Maria.
21 de novembro: Apresentação da Abençoada Virgem Maria.
8 de dezembro: A Solenidade da Imaculada Conceição.

∽ 76 ∽
Por que os católicos não comem carne às sextas-feiras?

Embora a essência básica das crenças não tenha mudado desde a Revelação (a Palavra de Deus transmitida por Jesus Cristo), algumas práticas católicas mudaram através dos anos. Dentro da tradição da Igreja, alguns costumes — como a prática da confissão semanal, por exemplo — foram deixados de lado. Isso é apenas natural, uma vez que a Igreja Católica tenha-se adaptado às necessidades dos seus integrantes em diferentes épocas.

Outro costume que mudou ao longo dos anos foi a prática católica de abstenção de alimento em determinadas ocasiões. Tradicionalmente, os católicos praticavam diversos tipos de abstinência de alimentos como uma penitência pelos pecados, fazendo assim uma espécie de limpeza, especialmente antes dos dias santos, embora esse hábito não seja mais praticado com a freqüência de antigamente.

Uma forma de abstinência envolvia ter apenas uma refeição completa por dia. Outra prescrevia que se evitasse a carne ou produtos e temperos dela derivados. Essa prática era reservada para as sextas-feiras, em reconhecimento da Sexta-feira da Paixão, quando Jesus morreu na cruz, e explica por que, no passado, os católicos tipicamente sempre comiam peixe nas sextas-feiras. Entretanto, já não é mais necessário abster-se de carne às sextas-feiras, embora os crentes possam praticar outras formas de penitência para lembrar o sofrimento de Cristo. (Ainda é comum entre os católicos deixar de lado algo de que gostem ou trabalhar em um objetivo positivo durante a Quaresma, por exemplo, como uma maneira de homenagear Cristo durante essa importante estação.) Muitos católicos continuam a evitar a ingestão de carne nas sextas-feiras durante a Quaresma assim como na Quarta-feira de Cinzas, que é o primeiro dia da Quaresma. (Veja o Número 89 para mais informações sobre a Quaresma.)

Outro componente dessa prática de abstenção de alimentos envolve a preparação para receber a Eucaristia. Em uma época, exigia-se que os católicos jejuassem antes de participar da Sagrada Comunhão (normalmente da meia-noite à manhã seguinte, até a Missa de domingo). Esses jejuns mais extensos não são mais necessários, porém. Atualmente, os católicos normalmente se abstêm de comer uma hora antes da comunhão. Isso significa nada de alimentos nem bebidas, a não ser água. (As pessoas que estão doentes podem reduzir o jejum a quinze minutos.) Nesse caso, a abstenção de alimento é feita em respeito ao Corpo e Sangue de Cristo.

As Estações da Cruz: repassando as fases da Crucificação

A prática das Estações da Cruz é uma veneração que se originou da história da Crucificação. Os Evangelhos contam como Jesus Cristo foi sentenciado por Pôncio Pilatos e levado ao Gólgota, onde Ele foi posto na cruz, e eles contam como Ele morreu. A Sua jornada, também conhecida como Via Dolorosa, é dividida em catorze estações. Cada uma tem uma função simbólica que ajuda os fiéis a refletirem sobre a Crucificação. As estações comemoram os seguintes acontecimentos:

1. Jesus recebe a Sua sentença — morte por crucificação.
2. Os soldados estendem a Ele a cruz de madeira, que Ele deve carregar.
3. Jesus cai (pela primeira vez) enquanto carrega a Sua cruz.
4. No Seu caminho, Jesus encontra a Virgem Maria.

5. Simão de Cirene carrega a cruz para Jesus.
6. Verônica dá o seu véu a Jesus para que Ele enxugue a Sua face.
7. Jesus cai de novo.
8. Jesus encontra as mulheres de Jerusalém, que choram por Ele.
9. Jesus cai pela terceira vez.
10. Os soldados despem os trajes de Jesus.
11. Jesus é pregado na cruz.
12. Jesus morre na cruz.
13. Os soldados tiram o corpo de Jesus da cruz.
14. O corpo de Jesus é estendido no túmulo.

A prática de seguir as Estações da Cruz começou durante as Cruzadas, quando os peregrinos à Terra Santa visitavam Jerusalém e seguiam a Via Dolorosa até a Igreja do Santo Sepulcro (o lugar do túmulo onde Jesus foi enterrado e ressuscitou dos mortos). Só depois do século XVIII foi que as Estações da Cruz foram introduzidas nas igrejas.

Nas modernas igrejas católicas, tornou-se um costume colocar as Estações da Cruz ao longo das paredes internas ao redor do prédio, em que cada estação é representada por uma pintura ou placa. Dessa maneira, quando as pessoas caminham entre as filas de bancos, podem visitar todas as estações enquanto fazem as orações correspondentes.

78

Os objetos servem como lembretes

Os católicos dedicam uma atenção especial aos objetos religiosos. Os símbolos do sofrimento de Cristo, representações da Virgem Abençoada e outros itens religiosamente significativos, como medalhas, pinturas e estátuas, compreendem outro tipo de sacramentais, os quais têm um lugar especial tanto na igreja quanto no lar. É importante compreender que os católicos não veneram esses artigos, mas em vez disso os usam como lembretes de Cristo, de Maria e dos santos.

O **crucifixo**, um dos símbolos universais do catolicismo, venera o sofrimento de Jesus na cruz. A cruz comum — duas peças de madeira, uma de menor comprimento colada sobre a outra de maneira que formem um ângulo reto — só apareceu no século quarto A.D., no fim das perseguições.

O crucifixo, que é uma cruz contendo o corpo de Cristo, só apareceu no século quinto. Ela costumava ser decorada com jóias durante os séculos quinto e sexto, e tornou-se um símbolo altamente glorificado. Hoje em dia, é normalmente muito mais comum e simples, e pode ser feita de qualquer madeira ou metal. O crucifixo é um símbolo de esperança e poder. Ele nasceu em grande parte como um sinal da religião e do júbilo pela sua espiritualidade. As famílias católicas comumente penduram crucifixos em casa e os crucifixos aparecem em todas as igrejas católicas.

As **imagens e estátuas** devocionais homenageiam Maria, a Mãe de Jesus, assim como muitos santos. Normalmente, cada santo é representado por uma característica ou símbolo específicos. Por exemplo, as estátuas de são Pedro o mostram segurando as chaves do Reino do Céu, o que simbolicamente representa Jesus confiando a Pedro, que acabou se tornando o primeiro bispo de Roma, a autoridade para governar a casa de Deus — a Igreja (Mateus 16:19). Da mesma maneira, Maria muitas vezes é representada como a Madona, considerando a significação religiosa dela como a Mãe de Cristo.

Os santos também são venerados por meio de **relíquias.** A palavra *relíquia* vem do latim *reliquiae,* ou "restos". As relíquias são objetos materiais deixados para trás depois que uma pessoa santa se foi. Entre elas se destacam objetos pessoais ou até mesmo parte do corpo de um santo que morreu. Esses objetos ajudam os fiéis a se recordar da sua união com os santos e inspirá-los a levar uma vida de oração e serviço.

Nos primeiros tempos, uma relíquia de um santo padroeiro podia realmente ser incrustada no altar de uma determinada paróquia. Agora elas são normalmente mantidas em lugares santos ou em igrejas muito especiais na Terra Santa, em Roma e em outros centros do início do cristianismo.

Os católicos usam **escapulários** para mostrar devoção a Maria, a Mãe de Deus. O escapulário, dois pedaços de cordão marrom feitos de tecido de lã, trazem imagens de Maria nas extremidades. Os cordões apóiam-se nos ombros e as imagens ficam sobre o peito e as costas à mesma distância dos ombros. Essa prática se originou no século XIII, quando são Simão Stock viu uma aparição de Maria, que lhe disse que todos aqueles que usassem o escapulário seriam salvos do Inferno, pois no sábado seguinte à sua morte ela os levaria para o Céu.

Os **santinhos** não são intrinsecamente objetos santos, mas depois que um padre benze um santinho ele se torna eficaz. Os santinhos têm como objetivo servir de inspiração. Eles costumam ser distribuídos para lembrar a morte de alguém, na participação de um evento ou uma peregrinação. Também podem ser levados como pequenos presentes para marcar ocasiões religiosas — por exemplo, durante o Batismo, a Primeira Comunhão ou a Confirmação. Um santinho pode apresentar a imagem de um santo de um lado e uma oração do outro; alguns santinhos incluem citações inspiradoras ou os Dez Mandamentos.

∽ 79 ∽

O Rosário e as Novenas

Maria é a primeira entre os santos e, portanto, a primeira escolha para os fiéis que pedem aos santos para interceder em seu nome. Muitas orações da Igreja medieval que se dirigiam a Maria diretamente ainda sobrevivem nos dias atuais. Os católicos costumam pedir a Maria, que incorpora a compaixão e a misericórdia, para interceder por eles nas orações por amigos e familiares que estão doentes ou com problemas.

O Rosário é uma série de orações e de meditações que os católicos recitam, o qual os encoraja a expressar a sua devoção a Maria e a refletir sobre os acontecimentos, ou mistérios, importantes da vida de Cristo conforme ela vivenciou. As orações são feitas enquanto as contas do Rosário correm entre os dedos, o que ajuda na meditação e na reflexão sobre os mistérios. A palavra *Rosário* em si significa "coroa de rosas". De acordo com a tradição, cada oração da ave-maria é uma rosa e cada Rosário é como uma coroa de rosas com que a pessoa que recita o Rosário presenteia Maria. Embora menos destacado na Igreja moderna, ele ainda é uma devoção importante para muitos católicos.

O Rosário forma um círculo e consiste de duas partes principais. A primeira e menor parte do Rosário pende da parte maior, que é circular. Trata-se de uma corda com uma conta isolada, mais um grupo de três contas e outra conta isolada, seguida de um crucifixo. Sobre as duas contas isoladas, o devoto reza o pai-nosso e o Glória. Sobre cada uma das três contas, o devoto reza uma ave-maria. Sobre o crucifixo, o devoto repete o Credo dos Apóstolos. Essa seqüência é algo como uma introdução para o resto do Rosário.

A segunda parte forma um verdadeiro círculo. Em um Rosário completo, existem quinze décadas, ou grupos de dez contas. Uma conta entre cada grupo separa cada década. Em cada uma das dez contas, o devoto reza uma ave-maria, e nas contas intermediárias, o pai-nosso e o Glória. Cada década é dedicada a um determinado mistério da vida de Maria. (Veja o Número 72 sobre a oração pai-nosso, e a página *www.montfort.org.br* quanto a outras orações.)

Mais comumente, os católicos usam contas menores no Rosário com cinco décadas, e rezam orações enquanto refletem sobre um conjunto de mistérios. Eles então continuam em cada um com outros conjuntos de mistérios. Cada conjunto de mistérios abrange momentos decisivos do Novo Testamento, por exemplo:

1. **Os Mistérios Jubilosos** são a Anunciação, a Visitação, a Natividade, a Apresentação de Jesus no Templo e Jesus encontrado no Templo.
2. **Os Mistérios Dolorosos** são a Agonia no Jardim de Getsêmani, o Flagelo, a Coroa de Espinhos, o Carregamento da Cruz e a Crucificação.
3. **Os Mistérios Gloriosos** são a Ressurreição, a Ascensão, o Espírito Santo se revelando, Maria levada ao Céu, e Maria coroada Rainha do Céu.

4. **Os Mistérios da Luz,** que foram acrescentados por João Paulo II, são o Batismo de Jesus, a Festa de Casamento em Caná, a Proclamação da Vinda do Reino de Deus, a Transfiguração e a Instituição da Eucaristia.

Diz-se que são Domingos, que viveu no século XIII, pregava a importância de rezar o Rosário diariamente porque acreditava que protegeria os católicos do mal e do pecado. Originalmente, os fiéis contavam 150 salmos, mas porque muitos dos fiéis não eram letrados e não conseguiam memorizar todos eles, rezavam 150 pais-nossos em vez disso. Ainda mais tarde, a seqüência dos pais-nossos foi substituída pelas ave-Marias.

As novenas são orações, em particular ou em público, que podem ter um sentido de urgência por causa da intenção específica da pessoa que reza — orar por alguém que está muito doente ou com algum tipo de problema. Os fiéis podem usar qualquer oração para recitar uma novena, embora rezar o Rosário ou orações especiais a um dos santos geralmente sejam escolhas comuns. Derivada da palavra latina *novenus,* significando "que é em número de nove", em uma novena, as orações são feitas durante nove dias consecutivos para obter favores especiais ou fazer um pedido especial. O ciclo de nove dias simboliza o tempo entre a Ascensão de Cristo ao Céu e a vinda do Espírito Santo, quando Maria e os discípulos dedicaram o seu tempo a rezar, esperando pela orientação e a inspiração divina.

Embora as novenas não tenham um lugar oficial na liturgia da Igreja, elas são muito populares. A escolha do santo normalmente depende do pedido que se faz. Por exemplo, uma pessoa pode rezar a são Peregrino, o padroeiro dos pacientes com câncer, pedindo uma intervenção especial por um ente querido ou por alguém que seja vítima dessa doença. As pessoas também rezam a são Judas em situações desesperadas ou casos sem esperança — desde um adolescente desaparecido a um marido desempregado até um familiar sofrendo de uma doença mental.

Uma novena popular é a Novena da Misericórdia Divina, legada por uma santa polonesa, Faustina Kowalska, que morreu em 1938. Ela foi canonizada em 2000 porque, durante a vida, ajudou a transmitir novas formas de devoção à misericórdia divina.

As novenas geralmente estão associadas a um pedido especial pela intercessão de Maria, e O Imaculado Coração de Maria, uma devoção que se concentra no amor que ela teve pelo filho e a dor lancinante no coração dela na Crucificação, inclui uma oração de novena popular.

80
Os elementos da Missa Católica

A crença católica em Deus como uma presença real, viva, é melhor exemplificada na Eucaristia, um dos mistérios fundamentais para a fé católica. A celebração da Eucaristia — a Missa — é a peça central do culto católico.

A Missa incorpora a profissão de fé (por meio da recitação do Credo Niceno), a leitura das Escrituras e o sacramento da Eucaristia. A liturgia da Missa começa com a Última Ceia; a Paixão, Morte e Ressurreição de Cristo constituem o seu núcleo. A Missa é tanto um banquete quanto um memorial da Crucificação.

A liturgia da Missa inclui a Alta Missa e a Baixa Missa. A Alta Missa, que é muito mais intrincada, é reservada para dias especiais de festa e normalmente é realizada por um bispo ou outro eclesiástico venerado. Também requer o auxílio de um diácono e a presença de um coro. Um padre, assistido por um auxiliar de altar ou coroinha, geralmente executa a Baixa Missa, que é realizada diariamente. A Missa de domingo, é claro, tem significado especial, e a Igreja requer o comparecimento dos seus integrantes nesse dia.

Durante a cerimônia da Missa, a congregação partilha o pão e o vinho que, por meio da consagração, são convertidos no Corpo e no Sangue Místicos de Cristo. Conforme exposto no Número 50, o processo é conhecido como "transubstanciação". Por meio da transubstanciação, o pão e o vinho são literalmente transformados no corpo e no sangue de Cristo. Ao compartilhar esse sacramento, toda a comunidade católica é unida em comunhão com Cristo. Por essa razão, a Missa também é conhecida como a Sagrada Comunhão.

Toda a liturgia da Missa, que consiste em duas partes, estrutura-se em torno da Eucaristia. A primeira parte consiste na reunião dos fiéis; a Liturgia da Palavra, com leituras do Velho e do Novo Testamento (comumente, uma passagem dos Evangelhos); a exortação das pessoas pelo padre, que é conhecida como a homilia; e orações gerais de intercessão pelas necessidades dos fiéis.

A segunda parte, a Liturgia da Eucaristia, inclui a apresentação do pão e do vinho, ou o Ofertório, em que o pão e o vinho são trazidos ao altar; a consagração, que inclui a oração de agradecimento e a consagração da Eucaristia, em que o padre pede ao Pai o poder do Espírito Santo para transformar o pão e o vinho no Corpo e no Sangue de Cristo; e finalmente, a comunhão. O pai-nosso e a Partilha do Pão precedem a comunhão propriamente dita, onde todos os fiéis partilham o Corpo e o Sangue de Cristo.

A Igreja recomenda que todos que possam fazê-lo devem receber a comunhão na Missa, por causa dos poderes da Sagrada Comunhão, entre os quais se destacam os seguintes:

— Ela aumenta a ligação do católico com Cristo.
— Ela afasta os fiéis do pecado ao eliminar os pecados veniais e proteger o cristão de futuros pecados mortais.
— Ela atrai os fiéis para mais perto da Igreja, o corpo místico de Cristo.
— Ela compromete os fiéis com os pobres.
— Ela promove a unidade entre todos os cristãos.
— Ela é uma celebração da glória que virá.

Quando estiverem para receber o corpo de Cristo, espera-se que os católicos se preparem antes da comunhão, façam um exame de consciência, confessem as suas indignidades e rezem pela salvação da alma.

81

O Credo Niceno: professando a fé na humanidade E divindade de Jesus

O Credo Niceno, legado em parte do Concílio de Nicéia, formula a crença na divindade e humanidade de Jesus. Composto de doze artigos de fé, o Credo Niceno incorpora as crenças mais básicas do catolicismo. O enunciado autoritário tem guiado a Igreja por 1600 anos e constitui a expressão da fé que os católicos recitam durante o Batismo e também na celebração da Eucaristia durante toda a Missa.

A formulação do Credo foi um momento de definição para a Igreja e surgiu por meio de uma reação ao surgimento de uma maré de heresia chamada arianismo, que ameaçava a unidade dos cristãos no século quarto ao negar a divindade de Jesus Cristo. Para enfrentar a crescente controvérsia, o imperador Constantino, o primeiro imperador romano a se converter ao cristianismo, convocou um concílio de bispos em Nicéia.

O Concílio de Nicéia, que se reuniu em 325 A.D., desenvolveu o Credo Niceno a partir do Credo dos Apóstolos. Até os anos 1500, o Credo dos Apóstolos era considerado como sendo o resumo da fé dos Apóstolos, uma vez que era composto perfeitamente de doze artigos de fé, o mesmo número dos discípulos escolhidos por Jesus. Durante os anos 1400, no entanto, os historiadores descobriram a sua origem verdadeira, como uma versão adaptada do antigo Credo Romano. (O Credo dos Apóstolos continua sendo o credo mais importante da maioria das religiões protestantes.)

O Concílio de Nicéia aperfeiçoou a enunciação do Credo dos Apóstolos de modo que a divindade de Jesus — além da Sua humanidade — fosse expressada e proclamada claramente. Um segundo concílio ecumênico que se reuniu em Constantinopla em 381 A.D. aprovou e finalizou o trabalho do primeiro concílio, dando-nos o que atualmente conhecemos como o Credo Niceno.

O texto integral do Credo Niceno é o seguinte (o texto entre colchetes indica a enunciação original — foram feitas pequenas mudanças no texto moderno que é usado atualmente pelos católicos):

Nós acreditamos [eu acredito] em um Deus, o Pai Todo-poderoso, criador do Céu e da Terra, e de todas as coisas visíveis e invisíveis. E em um Senhor Jesus Cristo, o Filho único gerado por Deus, e nascido do Pai sobre todas as eras. [Deus de Deus] luz de luz, Deus verdadeiro do Deus verdadeiro. Gerado não feito, consubstancial ao Pai, por quem todas as coisas foram feitas. Que por nós homens e pela nossa salvação desceu do Céu. E se encarnou do Espírito Santo e da Virgem Maria e foi feito homem; foi crucificado também por nós sob Pôncio Pilatos, sofreu e foi enterrado; e no terceiro dia ressurgiu, de acordo com as Escrituras. E subiu ao Céu, onde está sentado à direita do Pai, e deve retornar com glória para julgar os vivos e os mortos, de cujo Reino não haverá fim. E [eu acredito] no Espírito Santo, o Senhor e Doador da vida, que provém do Pai [e do Filho], que juntamente com o Pai e o Filho deve ser adorado e glorificado, que falou através dos Profetas. E em uma santa, católica e apostólica Igreja. Nós confessamos [eu confesso] um batismo pela remissão dos pecados. E esperamos [eu espero] pela ressurreição dos mortos e pela vida do mundo que virá. Amém.

82

A EVOLUÇÃO DA LITURGIA

A liturgia na sua forma atual foi desenvolvida ao longo de mais de 2000 anos. Durante os primeiros dias da Igreja, os ritos não eram harmonizados em nenhum formato padrão. Eles eram um grupo seqüencial de elementos, geralmente praticados com costumes diferentes de acordo com a preferência local. Foi apenas no Concílio de Nicéia, em 325, que a liturgia do culto começou a assumir uma ordem e uma aparência formalizadas.

Desde essa época, os ritos e costumes da adoração pública têm sido aperfeiçoados, adaptando-se às mudanças da história e às modificações do direito canônico da Igreja. Os dois concílios que foram especialmente importantes para a implementação de mudanças oficiais na ênfase foram o Concílio de Trento e o Segundo Concílio do Vaticano, comumente conhecido como Vaticano II.

O Concílio de Trento estabeleceu a norma de que Cristo está *realmente* presente no sacrifício e na celebração da Eucaristia. Além disso, as decisões do concílio levaram à publicação de um missal que padronizava as orações e os ritos da Missa.

Em meados do século XX, o Vaticano II introduziu diversas mudanças notáveis na liturgia. A mudança mais significativa e controversa foi a permissão para que fosse usado o vernáculo (isto é, o idioma local da congregação) na condução da Missa. Ao recitar o Credo Niceno e outras orações, a língua nativa da congregação assegura que todos entendam plenamente e sejam capazes de reagir ao que estão dizendo. Embora o latim tenha sido retirado da maior parte do culto, também não foi descartado completamente. Continua sendo um dos aspectos unificadores da Igreja.

Outras mudanças tiveram a ver com a mudança da posição do altar, de modo que ficasse de frente para a congregação; a diminuição do número de orações feitas durante a Missa; e o estímulo aos paroquianos para que acompanhem o canto de viva voz (em vez de apenas ouvir o coro).

Durante o Vaticano II, a Santa Sé também redirecionou a ênfase para a adoração interior, lembrando aos católicos que devem celebrar a Missa em uma "postura mental correta". Essa determinação foi feita em reação a uma concepção errônea de que observar os rituais seria suficiente para obter a salvação. A Igreja queria dar a entender aos fiéis que eles precisavam acompanhar a observação dos rituais com um pensamento devocional para alcançar o estado de graça. Conforme declarado anteriormente, no catolicismo, a Missa, ou celebração da Eucaristia, é o serviço litúrgico mais fundamental. No entanto, por causa da natureza sacramental do catolicismo, os católicos podem adorar a Deus por meio de todas as coisas. Assim, por exemplo, a administração dos sacramentos também é considerada uma parte importante da liturgia do catolicismo, como são outros rituais formalizados.

Além disso, a liturgia da Igreja está sintonizada com o ano, ou estações, uma vez que elas pertencem à vida de Cristo. Na verdade, cada dia tem um significado especial para a Igreja, embora haja determinados pontos altos que acontecem no decorrer do ano. O mais importante é o ciclo da Páscoa, mas numerosas outras solenidades, festas e memoriais também têm um significado especial.

83
Liturgia da Palavra

Conforme o exposto no Número 80, a Missa consiste em duas partes principais. A Liturgia da Palavra é a primeira parte, mas, antes que ela aconteça, a Missa começa com ritos de acolhimento que preparam a congregação — como uma comunidade — para ouvir a Palavra de Deus e celebrar o sacrifício da Eucaristia. Primeiro, há antífona introdutória, que consiste em algumas linhas de um salmo entoadas ou cantadas pela congregação. Depois há um período de acolhimento, que é seguido por um rito penitencial (um rito de abençoar e espargir). Depois, a congregação recita o Glória (Glória a Deus) e a oração de abertura.

A Liturgia da Palavra vem em seguida aos ritos introdutórios. O propósito dessa parte da Missa é proclamar a Palavra de Deus para a congregação, como ela é entendida nas Escrituras. Aqui a Palavra de Deus é enunciada, correspondida, explicada, acolhida e invocada.

A Primeira Leitura é quase sempre feita a partir do Velho Testamento. A congregação acompanha a leitura com um Salmo Responsorial. A Segunda Leitura é um encorajamento, feito a partir de uma das epístolas do Novo Testamento. Na Aclamação do Evangelho, a Aleluia, todos os participantes se levantam. O Evangelho é a leitura central dessa parte da Missa.

Quando se vai à Missa, é importante observar que o calendário litúrgico, no culto de domingo, acompanha um ciclo que muda ao longo de um período de três anos: Mateus é o Evangelho básico no primeiro ano, seguido por Marcos no ano seguinte e Lucas no terceiro ano.

Depois da leitura do Evangelho, o padre faz a sua homilia, um breve discurso chamando a atenção para a importância do Evangelho na vida diária. Há um momento de silêncio, então passa-se à recitação do Credo Niceno ou dos Apóstolos. No fim da Liturgia da Palavra, a congregação recita a Oração dos Fiéis, durante a qual podem ser feitas intercessões especiais.

84

Liturgia da Eucaristia

A segunda parte importante da Missa reflete as ações de Cristo na Última Ceia e atende ao Seu pedido de que os Seus seguidores comessem o pão e bebessem o vinho como o Seu corpo e o Seu sangue em memória da Sua vida, morte e Ressurreição.

Nesse ponto, o padre passa alguns minutos ocupando-se da Preparação e Oferenda das Dádivas. É executada a canção do Ofertório, uma espécie de hino sacro ou cântico litúrgico breve, e feita a Preparação do Altar, do pão e do vinho. Essa inclui a dobradura de tecidos especiais para recolher todos os fragmentos do pão ou gotas de vinho enquanto são consagrados; a mistura de um pouco de água com o vinho; e a preparação das hóstias para a comunhão.

O padre lava as mãos, sugerindo uma purificação, e convida a congregação a orar. Quando ele dá as costas para as Dádivas, os fiéis fazem uma oração breve, e então segue-se o momento que os católicos consideram mais inspirador de reverência. A Oração Eucarística, uma prece de agradecimento, é enunciada.

A Oração Eucarística consiste em: um Diálogo introdutório, Prefácio (O Senhor Esteja Convosco), Sanctus, Agradecimento, Aclamação, Epiclese (o padre pede a Deus para consagrar a hóstia e o vinho), a Instituição Narrativa (o momento da consagração), a Anamnese (que Cristo vem a nós através dos Apóstolos), a Oferenda (Jesus se ofereceu ao Seu Pai), Súplicas ou Intercessões pelas pessoas, Doxologia (ou o Gloria in Excelsis: a canção dos anjos no nascimento do Nosso Senhor), Aclamação Memorial e Grande Amém. Esse é o ponto alto da Missa, enquanto as dádivas do pão e do vinho tornam-se o Corpo e o Sangue de Cristo na transubstanciação.

Nesse momento, a Missa passa para o Rito da Comunhão propriamente dito, que começa com a recitação do pai-nosso, também conhecido como a Oração do Senhor. Depois, os participantes da congregação voltam-se uns para os outros para dar o Rito da Paz, um sinal de que estão de acordo uns com os outros e que o Espírito Santo os une. O Rito da Paz, originalmente O Beijo da Paz, foi legado pelos Apóstolos, mas em um dado momento foi retirado da liturgia. O Vaticano II reintegrou-o nos anos 1960. Atualmente chamado de Rito ou até mesmo de Sinal da Paz, não é mais literalmente um beijo, embora os membros de uma família e amigos íntimos presentes à Missa geralmente troquem abraços e beijos nesse momento. De outro modo, os paroquianos normalmente apertam as mãos com os que se encontram ao seu lado, dizendo: "A paz esteja contigo".

No Rito da Partição, o padre "parte" o pão (não é mais usado um pão inteiro). A congregação diz uma oração chamada de Agnus Dei (Cordeiro de Deus). O padre diz uma oração reservada para se preparar e então mostra a hóstia para a congregação e eles se humilham com uma oração curta: "Senhor, eu não sou digno que entreis em minha casa, mas dizei uma só palavra e a minha alma será salva". Nesse momento, todos se aproximam em procissão do santuário na frente da igreja para receber a comunhão. A Liturgia da Eucaristia termina com uma oração depois da Comunhão. Depois que a Missa é terminada, o padre abençoa a congregação antes que todos sejam dispensados.

85

Liturgia das Horas

A Liturgia das Horas é uma liturgia de orações para cada dia do ano, com orações destinadas a momentos especiais de cada dia. Os padres, os leigos e as pessoas pertencentes às Ordens Sacras são todos encorajados a acompanhar as Horas. Todas as orações, hinos, salmos e leituras podem ser encontrados no Breviário, um compêndio volumoso de orações usado pelo clérigo.

A tradição das Horas remonta aos primeiros dias da Igreja, quando os monges e padres rezavam todas as manhãs ao nascer do sol e todas as tardes ao pôr-do-sol. O Livro dos Salmos constitui a base da Liturgia das Horas. Ao longo dos anos, orações, canções, salmos e meditações foram acrescentados ao conteúdo original do saltério.

A princípio, os bispos e os coros escolhem o salmo que parecia adequado para a ocasião, uma vez que diversos salmos podem ser adequados à oração da manhã ou da tarde, ou a determinados dias de festa. Em um dado momento, os monges tentaram recitar todos os 150 salmos em um dia. Quando isso se revelou um dispêndio muito grande de tempo, a recitação foi distribuída ao longo de uma semana, cada dia dividido em horas.

Na década de 1960, o Vaticano II revisou e formalizou o sistema de orações e a Liturgia das Horas tornou-se conhecida como o "Ofício Divino". Hoje em dia, uma vez por ano, os católicos podem obter uma obra publicada com a estrutura das orações formalizada e estabelecida — com salmos especiais para uma determinada festa e dias santos — de modo que todos os católicos possam fazer as suas devoções da mesma maneira.

Em um único dia, o Ofício Divino consiste de Laudes e Vésperas para a manhã; Matinas, uma oração que pode ser recitada a qualquer momento do dia; Terça, Sexta e Nona, orações para o meio da manhã, o meio-dia e o meio da tarde; e as Completas, que é a oração noturna. Nas catedrais e nos mosteiros, a Missa é celebrada depois da Terça (que é feita à "terceira hora", ou 9 da manhã).

Objetos importantes usados durante a Missa

O uso de belos objetos eleva o drama de qualquer ritual ou cerimônia solene, e a Missa não é exceção. Primeiro entre os vasos sagrados, o **cálice** é uma grande taça que guarda o vinho que se transforma no sangue de Cristo durante a cerimônia da Eucaristia. O cálice deve ser feito ou de ouro ou de prata. Se for de prata, o bojo deve ser dourado por dentro. Um bispo deve consagrar o cálice antes de este ser usado, e apenas os padres e diáconos têm permissão para segurá-lo.

O cálice tem uma história longa e fecunda na Igreja. Os artefatos bonitos da Idade Média ainda existem, portanto o desenvolvimento desse vaso com a base larga, suntuosamente decorada, às vezes com duas alças, teve início há séculos até atingir a forma atual.

A **pátena** é um disco raso, com a forma de um pires, usada para sustentar o pão que se torna o corpo de Cristo. A pátena também deve ser feita de um metal precioso. Nos primeiros dias da Igreja, as pátenas pesavam até doze quilos. Hoje em dia elas pesam no máximo meio quilo.

O cálice e a pátena têm acessórios (componentes adicionais) que desempenham determinadas funções.

Coberta do santo cálice: Uma peça quadrada e rija de linho branco que é colocada sobre o cálice. A coberta do santo cálice requer uma bênção especial.

Purificador: Uma toalha de linho branco parecida com um guardanapo, usada para secar o cálice, ou os lábios do padre, depois das abluções.

Corporal: Toalha de linho branco, menor do que a largura do altar, sobre a qual o padre coloca a Hóstia Sagrada e o cálice durante a Missa.

Bolsa: Uma cobertura para guardar o corporal para evitar que se suje; só tem sido usada desde o século XVI.

Véu: O véu usado para cobrir o cálice e a pátena quando são levados ao altar.

O **cibório** é um vaso sagrado com a forma de taça que guarda as hóstias depois que foram consagradas. O cibório é usado para distribuir a Sagrada Comunhão aos fiéis e também é usado para guardar as partículas consagradas do Abençoado Sacramento no tabernáculo. Assim como o cálice e a pátena, deve ser feito de um metal precioso e consagrado por um bispo. Difere do cálice porque é elevado no meio, de modo que as partículas abençoadas remanescentes possam ser removidas com facilidade.

O **decantador,** ou jarro ou garrafa bojuda para servir o vinho, é trazido com as dádivas na parte inicial da Missa. Ele guarda o vinho que será consagrado para a comunhão das pessoas.

As **taças de comunhão** são usadas raramente, quando as pessoas recebem o vinho em comunhão.

87

Marcando o tempo no calendário católico

O calendário litúrgico é uma maneira de contar o tempo, que é uma parte essencial, sagrada da criação. Esse sistema altamente sofisticado que abrange o ano inteiro não existia no início da Igreja. O domingo, o dia para a celebração da Eucaristia, continha os elementos essenciais de todo o ano — a Paixão, a Morte e a Ressurreição — assim o "festival pascal" era renovado a cada domingo. No aniversário anual, contudo, o dia seria comemorado com grande solenidade, e finalmente a Páscoa tornou-se o ponto focal do ano litúrgico. A festa da Páscoa estava claramente ligada à de Pentecostes, o festival comemorando a Descida do Espírito Santo sobre os discípulos cinqüenta dias depois da Páscoa.

Hoje em dia, alguns dias festivos são fixos ao passo que outros baseiam-se em mudanças sazonais e fases da lua, o que significa que o calendário litúrgico varia de ano para ano. Por exemplo, a data da Páscoa está ligada ao equinócio da primavera. Todo ano, a data muda — o domingo de Páscoa sempre ocorre no domingo depois da lua cheia que sucede ao equinócio. O Natal, porém, é fixo em 25 de dezembro.

Além disso, o ano da Igreja consiste em dois ciclos distintos, o ciclo temporal e o ciclo santoral. O ciclo temporal é uma série de acontecimentos solenes comemorando o mistério de Cristo — Advento, Natal, Quaresma, Semana Santa, Páscoa — dividido em dois ciclos (o ciclo do Natal e o ciclo da Páscoa), mais o que a Igreja comumente chama de tempo comum, ou o marcador para lembrar o ano. O ciclo santoral inclui todos os dias de festas dos santos e muitos dos dias de festas marianas.

Cada estação litúrgica tem a sua própria cor simbólica: violeta para o Advento, branco para a estação do Natal, verde para a Epifania, violeta (de novo) para a Quaresma, branco e dourado para a Páscoa e vermelho para Pentecostes. Essas cores aparecem nas vestimentas do clero e na decoração das igrejas.

O calendário litúrgico inclui as comemorações de domingo e dias santos de obrigação, que comemoram acontecimentos especiais ou pessoas de alta consideração e respeito. Os dias de maior importância nesse grupo são chamados de solenidades. Algumas dessas solenidades podem fazer parte de um ciclo mais amplo, tal como a Epifania.

As solenidades de todo o ano litúrgico são as seguintes:

1º de janeiro: Maria, Mãe de Deus
6 de janeiro: Epifania
25 de março: Anunciação
Maio ou Junho (Domingo depois de Pentecostes): Santíssima Trindade
Domingo depois do Domingo da Santíssima Trindade: Corpus Christi
Quinta-feira quarenta dias depois da Páscoa (ou o domingo depois dela): Ascensão
Sexta-feira depois do segundo domingo depois de Pentecostes: Sagrado Coração
24 de junho: nascimento de João Batista
30 de junho: Primeiros Mártires da Igreja de Roma
15 de agosto: Assunção
1º de novembro: Todos os Santos
Último domingo no tempo comum: Cristo-Rei
8 de dezembro: Imaculada Conceição

Os dias de festa são dias santos ou dias de comemoração da Virgem Maria; geralmente, são dias de menor importância que dependem das pessoas, não da Igreja. (Deveria ser observado que algumas das devoções marianas têm grande importância.) Os memoriais são menos importantes, e não obrigatórios. Por exemplo, o dia da festa de Marcos Evangelista é 25 de abril, ao passo que a de Catarina de Siena é comemorado com um dia memorial em 29 de abril. No Brasil, também se comemora o dia de Nossa Senhora da Conceição Aparecida, no dia 12 de outubro.

Advento e Natal: antecipando e comemorando a vinda de Cristo

O ano da Igreja começa com o ciclo do Natal, que abrange os acontecimentos em torno do nascimento de Jesus. O ciclo do Natal começa com o Advento, que começa no domingo mais próximo de 30 de novembro, o dia comemorativo de santo André, o Apóstolo; e termina com o batismo do Senhor (terceiro domingo depois do Natal), que comemora o início do ministério público de Cristo.

Advento significa literalmente "vinda", e na Igreja o Advento é uma estação de quatro semanas de preparação que antecipa o iminente nascimento de Cristo. É uma estação de temas misturados — tanto de penitência quanto de alegria. O círculo do Advento, com as suas quatro velas, simboliza o fim da escuridão e o retorno da luz na vinda do Senhor.

A palavra *Natal* deriva do latim *natales*, significando "nascimento, raça, origem", conservado nas línguas românicas com o sentido especial de "dia do nascimento de Cristo, Natal". Os católicos comemoram o Natal, ou a Natividade de Jesus, em 25 de dezembro. No entanto, o dia real do nascimento de Jesus é desconhecido. Uma das explicações sobre o porquê de a Igreja ter escolhido esse dia em especial é que nos seus primórdios alguns dos dias festivos da Igreja eram aproveitados de antigas comemorações pagãs. No caso do Natal, essa data em especial era também escolhida porque é o momento do solstício de inverno (no hemisfério norte). Essa data, depois da qual os dias naquele hemisfério vão ficando pouco a pouco mais longos e a luz volta a prevalecer durante o dia, combinava simbolicamente bem com a luz de Cristo derramando-se sobre o mundo.

Depois do Natal vem a Epifania, em 6 de janeiro, que comemora a chegada dos três sábios que foram levar presentes em homenagem ao recém-nascido Menino Jesus na manjedoura. *Epifania* significa literalmente "mostrar", "fazer saber" ou "revelar", e como uma parte da estação do Natal, ela representa a revelação de Jesus como o Senhor e Rei.

O ciclo do Natal termina no terceiro domingo depois do Natal. Segue-se um período de tempo comum que perdura até o dia depois do carnaval, o início do ciclo da Páscoa.

89
Quaresma e Páscoa: preparação para a mais importante festa católica

O ciclo da Páscoa compreende dois períodos: a Quaresma e a Páscoa. A Quaresma começa na Quarta-feira de Cinzas, o dia seguinte ao término do carnaval na "terça-feira gorda". Em contraste com as comemorações do carnaval, a Quarta-feira de Cinzas é um dia sombrio. Um costume popular entre os paroquianos é marcar a testa com cinzas de palmeira num sinal feito com o polegar, para lembrar-se dos pecados cometidos. Depois da Quarta-feira de Cinzas, a Quaresma prossegue por um período de quarenta dias de jejum, abstinência e orações. O último dia da Quaresma é a quinta-feira anterior à Páscoa.

A Igreja Católica acostumou-se a cobrir as estátuas e outros ícones como uma maneira de demonstrar luto durante toda a estação sombria da Quaresma e para esconder a glória do Cristo triunfante. Hoje em dia, essa prática geralmente é limitada ao quinto domingo da Quaresma.

A maior de todas as festas católicas acontece durante a Semana Santa, o centro do ano da Igreja. A Semana Santa começa com o Domingo de Ramos, o dia da chegada de Jesus a Jerusalém, quando Ele cavalgou o lombo de um jumento e foi recebido pelas pessoas acenando com folhas de palmeira. Apesar da alegria dessa recepção, o propósito é lembrar o sofrimento que Jesus estava prestes a suportar.

Na semana seguinte, a Quinta-feira Santa celebra a Última Ceia, na qual Jesus instruiu os discípulos a celebrar a Eucaristia partindo o pão e bebendo o vinho em Sua memória. O dia seguinte, a Sexta-feira da Paixão, marca o aniversário da crucificação de Jesus. No Sábado de Aleluia, as igrejas celebram uma Missa especial, e durante a noite os católicos fazem a Vigília de Páscoa, que antecipa a Ressurreição de Jesus no dia seguinte — o dia glorioso do Domingo de Páscoa. Cinqüenta dias depois do Domingo de Páscoa, a Igreja comemora Pentecostes, que é quando o Espírito Santo desceu sobre os discípulos. O Pentecostes dos Apóstolos conclui o ciclo da Páscoa e outro período de tempo comum segue-se até o Advento seguinte.

∽ 90 ∽
Convertendo-se ao Catolicismo

As pessoas que se convertem são buscadores. Intelectual, espiritual ou emocionalmente, elas estão procurando uma fé que satisfaça uma necessidade profunda dentro delas. O Rito da Iniciação Cristão para Adultos (RICA), um processo pelo qual os adultos podem se converter ao catolicismo, é importante e a Igreja preparou diretrizes sobre como deve se processar.

A Igreja tem a obrigação de receber todo convertido que professe a fé católica, independentemente da religião anterior, idade, sexo ou antecedentes, mas ela estabelece algumas condições. As pessoas que estejam interessadas em se converter devem aprender sobre a religião, professar a fé e assumir o compromisso de viver de acordo com os ensinamentos católicos.

O primeiro passo para se tornar um católico é entrar em contato com a paróquia católica mais próxima. Um pastor ou educador religioso se reúne com a pessoa interessada em se converter e aconselha-a sobre as etapas necessárias. As paróquias normalmente oferecem o RICA e, na maioria das paróquias, o processo se inicia em setembro e termina durante a Semana Santa.

A maioria dos adultos começa a sua conversão com um período de intenso estudo para compreender profundamente o catolicismo. Espera-se que os buscadores façam perguntas difíceis sobre o cristianismo e o dogma católico. Os adultos podem ser colocados ao lado de um mentor, normalmente outro adulto que pratique a fé e que possa ajudar a responder às perguntas. As discussões informais durante o período de perguntas ajuda os buscadores a determinar se podem aceitar as regras e ensinamentos da comunidade católica.

Além disso, depois de terem recebido a permissão de um bispo local, os recém-convertidos participam de três ritos importantes: o Rito da Aceitação, o Rito da Eleição e os Sacramentos da Iniciação.

O Rito da Aceitação é feito várias vezes ao ano na Missa de domingo. Nessa cerimônia, os candidatos são marcados com o sinal-da-cruz sobre as orelhas, olhos, lábios, coração, ombros, mãos e pés — um símbolo tanto das alegrias quanto do preço da adesão ao cristianismo. Esse ritual inicia o seu período de catecumenato.

Os catecumenatos participam da Missa de domingo durante a Liturgia da Palavra, depois do que eles passam para outro lugar para continuar refletindo sobre as Escrituras. Esse período de estudo varia de acordo com as necessidades da pessoa. As crianças católicas devem ter no mínimo dois anos de estudo em preparação para a sua Confirmação. A norma para os adultos é de um ano ou mais.

O período de catecumenato termina com o Rito da Eleição. Esse rito é praticado no primeiro domingo da Quaresma. Em uma cerimônia realizada pelo bispo da diocese, os catecúmenos recebem o Chamado para Continuar a Conversão.

Antes que os Sacramentos de Iniciação possam ser administrados, porém, os catecúmenos (então conhecidos como os Eleitos) devem passar por um período final de purificação e iluminação. O Eleito passa o período durante os quarenta dias da Quaresma em intensa oração e preparação. Espera-se que ele se arrependa dos pecados do passado e reflita sobre o seu caráter e sobre a sua disposição ou capacidade de entrar para a Igreja.

O Eleito participa de vários outros rituais, chamados escrutínios, nos domingos ao longo de toda a Quaresma. Os escrutínios são ritos de questionamento íntimo e de arrependimento, cujo objetivo é tratar as características mais fracas ou pecaminosas e ao mesmo tempo fortalecer aquelas que são positivas e fortes. Durante esse período, o Eleito também é formalmente presenteado com o Credo dos Apóstolos e a Oração do Senhor, ambos os quais ele recita na noite em que é iniciado.

Os Sacramentos da Iniciação — Batismo, Confirmação e Eucaristia — integram o processo formal pelo qual os adultos são finalmente admitidos à Igreja Católica. Esses são normalmente realizados na Vigília de Páscoa que antecede o Sábado de Aleluia. Apenas pessoas que nunca foram batizadas na igreja cristã passam pelos três sacramentos.

Nos cinqüenta dias que sucedem a celebração da iniciação cristã, o convertido recém-batizado continua o seu programa de formação cristã. Ele pode participar plenamente com os fiéis da Eucaristia e na missão de justiça e paz da Igreja. Esse período de *mistagogia* normalmente dura até o domingo de Pentecostes.

As pessoas que já foram batizadas em outra igreja cristã devem passar por um outro tipo de preparação para os Sacramentos de Iniciação. A Igreja pode insistir na separação dessas pessoas dos catecúmenos. As necessidades de cristãos maduros e praticantes de outras religiões são consideradas individualmente. As pessoas que viveram como cristãos e que apenas precisam de instrução na tradição católica são chamadas de candidatos e não passam por todo o programa.

A jornada dessas pessoas inclui receber o sacramento da Penitência (confissão) antes de receber a Confirmação, passar por um período de instrução e perguntas, e participar dos serviços da Liturgia da Palavra. No primeiro domingo da Quaresma, os candidatos participam da Celebração da Chamada para Continuar a Conversão.

Durante esse processo de purificação e iluminação, espera-se que os candidatos participem de um rito penitencial assim como de um período de reflexão. Considerando que os candidatos que já foram batizados em uma igreja cristã tenham cometido pecados desde o batismo, eles devem confessar os seus pecados mortais antes de receber a Confirmação. A recepção na plena comunhão com a Igreja Católica acontece com a profissão de fé, a Confirmação e a Eucaristia durante a Missa de domingo na paróquia local.

∞ 91 ∞
CONVERSÕES FAMOSAS DO PASSADO E DA ÉPOCA MODERNA

Uma das imagens mais duradouras do cristianismo é a conversão de são Paulo na estrada para Damasco. Um judeu consciente, Paulo (então conhecido como Saul) tinha acabado de testemunhar o apedrejamento de Estêvão. Em viagem a Damasco, ele foi detido por uma luz brilhante. Ouviu a voz de Jesus dizendo-lhe para abandonar a perseguição aos cristãos e assumir o ministério. O acontecimento deixou Saul cego por três dias, até que um dos seguidores de Jesus impôs as mãos sobre ele e assim ele conseguiu voltar a enxergar. Com a nova visão, Saul ganhou uma nova fé. Abandonou o nome judeu em favor do romanizado Paulo e começou a pregar o cristianismo. Paulo foi um dos mais prolíficos autores dos primeiros tempos da Igreja.

Outro santo, um dos grandes filósofos do cristianismo, santo Agostinho, nasceu onde atualmente é a Argélia, em 354, também convertido ao catolicismo depois de abandonar a sua fé em favor da filosofia e um estilo de vida desapegado, imoral. Agostinho era um jovem professor de retórica em Milão quando descobriu a filosofia de Plotino e são Paulo. Ele acabou retornando ao norte da África, onde adotou um estilo de vida monástico, sendo posteriormente ordenado bispo. As meditações de santo Agostinho sobre a natureza da graça e os seus livros, *Confissões* e *Cidade de Deus*, permanecem influentes até os dias atuais.

Também aconteceram muitas conversões entre a realeza, como a do imperador romano do século IV, Constantino, que proibiu a perseguição aos cristãos, e a de Teodósio, que declarou que toda a Roma seria cristã e garantiu privilégios ao clero católico.

O rei Henrique IV da França (1553-1610), que foi criado como huguenote e participou da Guerra das Religiões que dividiu a França, tornou-se herdeiro do trono em 1584. Quando a poderosa Liga Católica se recusou a aceitar um protestante no trono, Henrique converteu-se então ao catolicismo, em uma das conversões mais controversas da história. O rei

Carlos II da Inglaterra (1630-1685) converteu-se no leito de morte depois de um reinado marcado por esforços de derrotar a tolerância religiosa.

Em meados do século XIX, muitos pensadores e teólogos britânicos converteram-se ao catolicismo sob a influência do movimento Tractariano, de Oxford, formado entre estudiosos da Universidade de Oxford que desacreditaram do liberalismo da Igreja Anglicana e se preocupavam com as tendências políticas que ameaçavam a sua influência sobre a sociedade inglesa. Um dos líderes do movimento de Oxford, John Henry Newman, converteu-se ao catolicismo em 1845 na idade de 44 anos e acabou se tornando cardeal da Igreja.

Influenciado pelo movimento de Oxford enquanto estudava lá, o poeta Gerard Manley Hopkins converteu-se em 1866 e entrou para a Ordem dos Jesuítas. Hopkins trabalhou entre os pobres e depois tornou-se um pregador. Ele é mais conhecido pelo uso original da linguagem na sua poesia religiosa.

Atualmente, pessoas de destaque continuam a buscar a Igreja Católica. Entre os convertidos americanos há uma tradição de literatura confessional, na qual os escritores contam sobre as suas próprias dificuldades com a fé e as suas razões para se converter ao catolicismo.

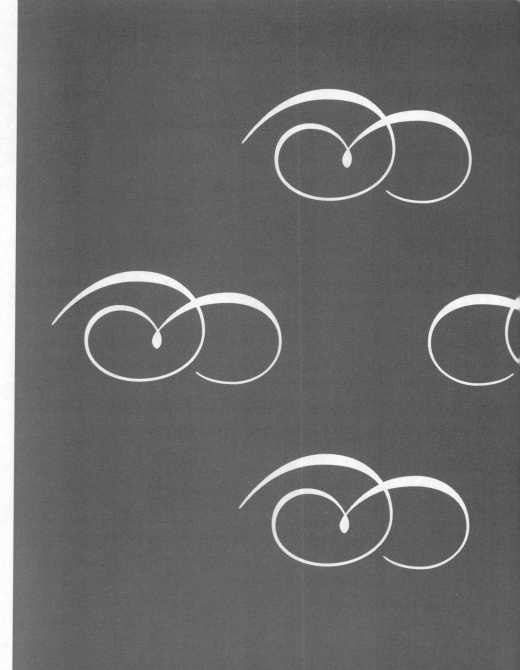

Sexta Parte

Problemas Contemporâneos Envolvendo os Católicos

A mensagem de Jesus e dos Evangelhos que contam a Sua história permanecerá sempre a mesma. Entretanto, a interpretação da mensagem de Cristo muda de acordo com os desenvolvimentos da compreensão humana. O pensamento da Igreja não é estagnado — está constantemente se transformando, à medida que aumenta a sua compreensão do amor de Cristo.

Conforme explicado anteriormente, a religião católica não é uma fé baseada apenas em crenças. O catolicismo é uma fé atuante, dinâmica, que conclama todos os seus integrantes a tomar consciência dos problemas que afetam o mundo e o trabalho necessário para as mudanças. Antes de mais nada, todas as pessoas católicas recebem um chamado para o ministério pela virtude de serem católicas. Por meio do Batismo e da Confirmação, os católicos unem-se em Cristo com a Igreja e trabalham pelo ministério de Cristo cada um à sua maneira. Fora o trabalho organizado leigo, os católicos têm uma ampla oportunidade de oferecer serviços nas suas paróquias. Eles podem ajudar um vizinho doente, organizar uma venda de produtos em prol da sua igreja ou da escola paroquial, dar aulas a crianças na Escola Dominical, distribuir cestas de alimentos no Natal, ajudar a igreja com donativos, ou simplesmente passar o prato de oferendas durante a Missa. Existem dezenas de pequenas maneiras de ajudar. Esses heróis católicos podem não ficar famosos, mas são os pilares da Igreja, o que o Vaticano II chamou de "o sal da terra".

Hoje em dia, a Igreja continua a manter-se a par dos problemas contemporâneos e a criar meios de agir como uma voz de profunda moralidade e justiça para o mundo; a criar maiores oportunidades para a participação dos seus integrantes; a aumentar a comunicação com todas as correntes religiosas; e a melhorar a qualidade de vida para todos os seres humanos do mundo inteiro.

∞ 92 ∞
Desafios contemporâneos e disposição para mudar

Desde o Vaticano II, os ventos da mudança têm soprado sobre a Igreja Católica. Embora eles tenham dispersado algumas teias de aranha, também causaram importantes convulsões políticas em determinados setores.

Apesar da ênfase no colegiado de bispos, e na maior participação dos fiéis, a Igreja Católica ainda tem uma estrutura hierárquica autoritária que, às vezes, provoca sentimentos de indignação e alienação entre os fiéis em todos os níveis. Embora haja mais católicos atualmente do que nunca, e o seu número continue a crescer, há um declínio nas vocações tanto sacerdotais quanto entre as ordens religiosas.

O celibato é sem dúvida um problema, mas o clero também perdeu a sua posição reverenciada e o seu lugar especial na hierarquia. Com a aceitação da idéia do sacerdócio universal de Cristo, o clero é hoje meramente um pequeno grupo do sacerdócio dos fiéis. Com menos jovens seminaristas e padres em formação, um número sempre crescente de padres doentes e idosos requer atenção. Isso representa um escoamento dos recursos financeiros e pessoais da Igreja. Com menos padres para cuidar das suas paróquias, há também menos padres para ocupar os esforços missionários da Igreja.

A Igreja desenvolveu diversas estratégias para ajudar a remediar alguns dos problemas atuais com que o ministério se defronta. Ela tem adotado técnicas para determinar quem está qualificado para se encarregar da difícil função dos padres diocesanos e melhorou os programas educacionais nos seminários que preparam os homens para o sacerdócio. A Igreja também tem encorajado os bispos a apoiar os seus padres.

A Igreja também enfrenta a insatisfação católica com as suas posturas rígidas sobre o controle da natalidade e o divórcio. A Igreja não permite nenhuma forma de contracepção artificial, mas muitos clérigos em altas posições dentro da Igreja a recomendam. Os católicos divorciados não têm permissão para se casar outra vez enquanto o parceiro continuar vivo, e se o fizerem, eles não têm permissão para receber os sacramentos. Não obstante isso, alguns pastores chegaram ao ponto de abençoar segundos casamentos, muito embora não possam casar os pretendentes.

Individualmente, o clero reconhece as áreas pouco definidas que existem no casamento e na vida familiar. Teólogos importantes têm opinado que regras e julgamentos morais isolados não podem ser aplicados à humanidade como um todo. Quando se trata do relacionamento humano, cada caso deve ser julgado pelos seus próprios méritos.

Apesar da estrutura autoritária e da tradição da Igreja, atualmente há mais debates e discordâncias assim como uma abertura para novas maneiras de pensar e tratar problemas relativos à moralidade, à tradição, ao ecumenismo e ao diálogo inter-religioso. Os teólogos vêm reconhecendo que as doutrinas refletem o caráter do tempo corrente e devem ser interpretadas assim, e o diálogo católico com as outras crenças tem avançado grandes passos.

Apesar dos seus problemas, a Igreja continua vigorosa e saudável, e também a exibir as quatro características pelas quais veio a ser definida. Ela é católica ao se estender a toda a humanidade; é unida em torno das suas crenças comuns; é santa na sua união com o Pai, o Filho e o Espírito Santo; e é apostólica na sua sucessão, tradição e missão contínua.

93
O CHAMADO PARA A VIDA RELIGIOSA

A Igreja Católica ensina que todos participamos das tarefas de Cristo e, assim sendo, participamos do "sacerdócio comum dos fiéis" (conforme definido no Catecismo da Igreja Católica). Isso significa um chamado geral para os leigos compartilharem e disseminarem a Palavra de Deus. Mas, além desse chamado geral, existe o chamado especial para o sacerdócio ordenado: o sacramento das Ordens Sacras (veja o Número 59).

Os padres pregam o Evangelho de Cristo nos seus esforços para aproximar as pessoas da maturidade católica. Depois que são ordenados, os padres são, em certo sentido, separados. Isso os ajuda a se dedicar ao ministério de Deus com total devoção. Os leigos que participam do importante trabalho de auxiliar os padres ajudam-nos a ser os líderes dos fiéis que eles precisam ser.

Até cerca de 25 anos atrás, era muito comum entre as famílias católicas ardorosas o filho caçula escolher o sacerdócio. Era um símbolo de honra, e para os rapazes criados em um ambiente católico, o chamado para o sacerdócio geralmente revestia-se de uma atmosfera glamorosa e atraente.

Hoje em dia, o mundo secular apoderou-se consideravelmente do chamado às Ordens Sacras. Os católicos vivem em uma cultura que trivializa a religião e exalta o consumismo, o materialismo e o relativismo moral. Existem mais distrações, e daí portanto menos homens estão ingressando no sacerdócio. É difícil num mundo agitado como o atual ouvir um chamado ou até mesmo tomar consciência dele.

Os homens que respondem ao chamado religioso passam por uma variedade de etapas antes de serem ungidos. Eles fazem muitas reflexões — e orações. Depois de esses homens serem aceitos no seminário, eles passam por testes de dúvida antes de terem certeza de que a sua vocação é sincera.

Não é fácil ser um padre no mundo atual. Há muitos problemas complexos a serem enfrentados. Os padres precisam aconselhar as mulheres sobre o controle da natalidade e sobre o aborto. As famílias parecem estar sob uma tensão constante. Às vezes o padre deve assumir o papel de assistente social, conduzir sessões de terapia conjugal ou ajudar os filhos de lares desfeitos.

É preciso um homem com um conjunto especial de habilidades para lidar tanto com o ministério quanto com a missão, especialmente em centros urbanos movimentados. Os católicos de hoje em dia têm fácil acesso a quase todas as tentações que existem. Até mesmo alguns padres são, às vezes, atraídos para comportamentos que são totalmente inaceitáveis e escandalosos — o recente escândalo de pedofilia é um exemplo máximo disso. Os padres conscienciosos, preocupados, devem estar preparados para aconselhar os seus paroquianos com relação a um amplo espectro de problemas; eles precisam ser sofisticados o bastante para compreender este mundo e ajudar a orientar os seus congregados através dele.

Saber se você recebeu um chamado é conhecido como "discernimento". Determinadas questões e considerações, como se uma pessoa é destinada para uma vocação religiosa ou para o casamento, aparecem volta e meia entre aqueles que pensam sobre a escolha do sacerdócio. As pessoas que entram para as ordens religiosas precisam fazer votos de castidade, pobreza e obediência. Inquestionavelmente, isso pode ser difícil — e inquietante para a família e os amigos. Esses tipos de dúvida também se aplicam às mulheres que pensam em tornar-se freiras. É uma escolha torturante para as pessoas jovens e nada fácil de ser feita.

Depois que adquire um determinado grau de certeza, um rapaz deve então procurar orientação de um padre de sua confiança. A orientação do padre irá ajudá-lo a descobrir se realmente recebeu o chamado para o sacerdócio. O próximo passo é inscrever-se em um seminário ou entrar para uma ordem religiosa que mais corresponda aos objetivos ou convicções religiosas do rapaz.

Os católicos também têm a opção de entrar para uma ordem religiosa e praticar o ministério como monges e freiras em hospitais, missões, paróquias, prisões, escolas, seminários e universidades, para citar alguns exemplos.

Tornar-se um integrante de uma ordem religiosa é uma vocação difícil. A vida é completamente organizada dentro da hierarquia da organização e cada pessoa deve ser capaz de se encaixar dentro dessa hierarquia e submeter-se à sua autoridade. As ordens religiosas exigem votos de castidade, obediência e pobreza.

As pessoas que escolhem entrar para uma ordem religiosa devem procurar uma organização que se aproxime do que elas gostariam de fazer, seja trabalhar em uma missão distante, seja a vida monástica de reclusão. As pessoas que pensam em entrar para uma ordem devem analisar as suas dúvidas e pesar cuidadosamente as suas escolhas.

94

REFORMANDO A ESTRUTURA DA IGREJA

O atual gabinete de trabalho do bispo de Roma ainda guarda os adornos de uma monarquia feudal. Por mais que o papa e os cardeais tentem se relacionar com o mundo, eles são limitados por uma noção estrita de hierarquia. As experiências religiosas mais eloqüentes com relação à fé iniciam-se primeiramente entre os padres e a classe leiga. Elas chegam aos ouvidos dos bispos só mais tarde e apenas quando o Espírito abre o seu coração para a mudança.

O Vaticano II colocou tendências em movimento que já mudaram a função do papado, contudo, começando com a redefinição da infalibilidade. A infalibilidade se expressa pela crença das pessoas com relação à Igreja, estando todas elas em união com os papas e os bispos. As pessoas precisam acreditar e aceitar um ensinamento para que ele se torne uma crença verdadeira. Na sua função como a cabeça visível da Igreja, o papa é infalível no ensinamento da mensagem de Cristo e nas suas decisões morais, mas tem sido reconhecido que ele pode errar.

A idéia de que o papa pode pecar e cometer erros no governo da Igreja ou ao decidir sobre questões temporais abre a porta para um tipo diferente de papado. Até mesmo ensinamentos morais e religiosos do passado podem ser reformados, se não são ensinados por um consenso de teólogos e recebidos pelas pessoas da Igreja. Isso pode aliviar a pesada carga de tradição dentro da Igreja e permitir que os papas posteriores conduzam a Igreja em uma nova direção.

A mudança teria de repousar sobre uma estrutura reformada da Igreja na qual as vozes da classe leiga chegassem ao topo mais rapidamente. A classe leiga já está desempenhando um papel mais significativo na Igreja por causa da falta de novos padres. Se os leigos forem bem-sucedidos na criação de estruturas da Igreja no nível nacional que estejam mais de acordo com os interesses leigos, eles poderiam começar a dissolver a hierarquia. O papa permaneceria como um líder espiritual, reinterpretando a mensagem de Cristo por todos os tempos com a ajuda do Espírito Santo, mas as estruturas da Igreja seriam definidas e operadas pelos leigos.

O papado pode ser um escritório itinerante sob esse novo regime. Talvez os líderes nacionais da Igreja elejam os papas por um período fixo de cinco ou dez anos. A sede da Santa Sé mesmo poderia mudar-se para todo o mundo com a nacionalidade do papa em exercício, tornando-se um Vaticano móvel. Segundo esse ponto de vista, a função do papa seria a de um pacificador, mediador e conselheiro ético que fomente o diálogo e mantenha as linhas de comunicação desobstruídas entre as diferentes partes do mundo.

Outras igrejas cristãs têm modelos mais democráticos de liderança, mas nenhuma tem um líder espiritual da estatura do papa. Uma das metas da Igreja é a unidade entre os cristãos. Até agora, ninguém ainda sugeriu uma providência que unisse a todos os cristãos.

Em uma Igreja menos voltada para a reforma, há um perigo diferente para o papado — a crescente ruptura entre os ideais democráticos liberais ocidentais da Europa e os representantes cada vez mais dominantes dos países em desenvolvimento. Isso poderia dividir o mundo católico, com a Igreja ocidental rejeitando a autoridade de Roma, se não em palavras, pelo menos em ações. O papado perderia então a sua ascendência espiritual sobre o hemisfério que domina as economias mundiais e se tornaria menos influente nos seus ensinamentos.

95

A PRESSÃO PELA DEMOCRATIZAÇÃO E O AUMENTO DA DIVERSIDADE

O pontífice à época em que este livro foi escrito, o papa João Paulo II, tinha a reputação de ser um líder conservador que aprovava a estrutura hierárquica da instituição católica e preferia que um grupo pequeno de cardeais estabelecesse as agendas, as quais em seguida eram passadas aos bispos e às paróquias.

No entanto, o Vaticano II determinou que a classe leiga tivesse uma participação na aceitação dos ensinamentos da Igreja. Isso é porque, essencialmente, a Igreja *é* o povo de Deus como um todo. O papa João Paulo II fez poucos progressos na implementação dessa nova orientação para a Igreja, levando a uma tensão entre a hierarquia da Igreja e a classe leiga. Existe uma pressão para a democratização, especialmente das pessoas que vivem em democracias. A maioria simplesmente pede um meio de expressar as suas preocupações e de desenvolver conjuntamente soluções que funcionem no mundo real em que vivem.

Nos Estado Unidos, por exemplo, tem havido uma desconexão entre a Igreja institucional e o seu povo. Nos últimos 35 anos, a idéia de obediência à Igreja caiu em descrédito. As pessoas comportam-se por critérios próprios com relação a costumes sexuais, proibições sobre o uso de contraceptivos e a postura da Igreja com relação à pobreza e ao tratamento de saúde. Embora não seja difícil encontrar pessoas que se dizem católicas, é mais difícil encontrar aquelas que obedecem à Igreja em todos os sentidos. Muitas pessoas hoje em dia aceitam a fé, mas não se sentem à vontade com a estrutura da Igreja.

Atualmente, a discordância ainda é fortemente desencorajada, e as pessoas que discutem abertamente as questões controvertidas como a ordenação de mulheres são disciplinadas. Os teólogos de universidades independentes precisam de um contrato com os bispos para continuarem com o seu ministério, e esses contratos podem ser revogados se os estudiosos pesquisarem novos caminhos de pensamento. Os casais oficialmente casados que encaram o sexo como uma maneira de reafirmar o seu amor, em vez de uma mera necessidade para a procriação, são informados de que se encontram em pecado. Esses são problemas de uma Igreja cujos ensinamentos são ditados de cima, com pouca relação com o padre paroquial ou a classe de leigos.

Entretanto, parece que a democratização gradual da Igreja é uma forte possibilidade, considerando o compromisso de muitos católicos leigos e a sua presença crescente nas obras da Igreja. Muitos católicos esperam que o Espírito Santo ajude a orientar a Igreja para uma atitude mais inclusiva com relação à sua classe leiga e uma análise da hierarquia da Igreja.

A Igreja também não é mais predominantemente ocidental, européia e branca. À medida que se afasta das tradições européias, ela é pressionada a ser mais multicultural e diversificada nas suas práticas e liturgias. As preocupações da Igreja também mudam para refletir a força do clero latino-americano e africano e os problemas que eles enfrentam, incluindo a pobreza, a AIDS, os direitos humanos e a exploração dos seus recursos.

A realidade de uma maior diversidade cultural, especialmente na África, onde são falados mais de sessenta idiomas, provavelmente pressionará a Igreja em novas direções. Enquanto ela cresce, busca maneiras de respeitar os costumes tradicionais africanos e maneiras de pensar dentro da comunidade da Igreja. Cada vez mais aumenta a vocação para o sacerdócio entre os indígenas, como resultado de pressão na década de 1980 para instruir e recrutar os jovens. O aspecto mais desafiador da missão da Igreja na África é como servir à sociedade em face das violações dos direitos humanos, da guerra, da fome e das doenças.

No mundo ocidental, o aumento da riqueza e o declínio do pensamento religioso tem criado uma atmosfera na qual as pessoas sentem-se espiritualmente perdidas. Novos modelos de culto são introduzidos em grupos tais como católicos divorciados, que pensam que não têm mais um lugar dentro da Igreja. Igrejas européias e americanas fazem experiências com pequenos grupos de fé, círculos de oração e liturgias e serviços inovadores.

96

A PARÓQUIA LOCAL: O CORAÇÃO DA VIDA CATÓLICA

Os imigrantes do Velho Mundo que se estabeleceram em bairros com os seus compatriotas formaram muitas comunidades católicas. Eles criaram os filhos em bairros fechados, que refletiam os seus valores. No centro dessas comunidades, achava-se a paróquia, um mecanismo de apoio confiável que, por sua vez, centrava-se em um padre e uma igreja. Geralmente, a paróquia constituía as suas próprias instituições.

A Igreja começa o seu trabalho no mundo no nível paroquial, por meio de cursos para os jovens, trabalhos de caridade e atendimento pastoral. Os católicos valorizam a comunidade em parte porque é um dos instrumentos que Deus usa para trabalhar pelo bem no mundo. Diversas redes de relacionamentos sobrepostas que interligam as pessoas evoluíram da vida paroquial, incluindo não só as organizações religiosas mas também os grupos sociais, civis, fraternais e políticos.

Os católicos também procuram as suas paróquias para obter apoio na sua vida espiritual e para estabelecer fortes relacionamentos pessoais que os ajudam a atravessar momentos difíceis. Eles querem que os seus filhos façam parte de uma comunidade que compartilhe os mesmos valores. A paróquia é um veículo para participar de trabalhos de caridade, mas também é cada vez mais um lugar para envolver-se com organizações que apóiem uma causa moral, tais como em defesa da vida, da justiça social ou grupos ambientais. As paróquias próximas ou no centro das grandes cidades ainda enfrentam problemas com a pobreza e as congregações de imigrantes recém-chegados, mas muitos católicos atualmente vivem nos subúrbios e as suas paróquias são desafiadas a lidar com os problemas que acompanham a riqueza.

A paróquia é onde as pessoas vivem, morrem, casam-se, batizam os seus bebês, educam os filhos e fazem amigos para a vida inteira. As últimas notícias do Vaticano ou os relatórios de situação dos bispos são de menor importância. Até mesmo a encíclica sobre o controle da natalidade, que reduziu significativamente o comparecimento e as doações às igrejas, pode ser desprezada pelos católicos que discordam dela se eles se sentem em casa na sua paróquia.

O padre da paróquia é o coração de uma paróquia bem-sucedida. Mas as pessoas que fazem as coisas acontecerem na paróquia normalmente permanecem mais do que os padres. À medida que o número de padres diminui, a função dos leigos na vida da paróquia cresce em importância. Os leigos ajudam a distribuir a comunhão e na preparação do culto, envolvem-se com as escolas locais, visitam integrantes da congregação que estão doentes e participam das instituições de caridade católicas. Com as mudanças das funções das mulheres na sociedade, as mulheres católicas também vêm insistindo em assumir a liderança nas funções do culto, nas organizações de caridade e nos conselhos escolares.

Nas comunidades de classe média, há uma pressão para se experimentar estilos de culto mais modernos. Algumas pressionam o seu padre para sermões mais inspirados por fatos mundanos. Algumas paróquias estão fortemente envolvidas com questões políticas como as relativas à falta de moradia, à pobreza e aos direitos das minorias. As paróquias atuantes fazem pressão contra as limitações de uma Igreja conservadora que não abandonou a sua estrutura hierárquica tradicional.

Apoio da educação católica e o aumento de faculdades e universidades católicas

As famílias católicas continuam a enviar os seus filhos para as escolas católicas do ensino fundamental e médio em números recordes, e algumas escolas nas áreas suburbanas realmente chegam a ter listas de espera. A educação católica parece fazer uma diferença significativa no comportamento religioso e moral, com os jovens educados em ambiente católico mais propensos a continuar a freqüentar a igreja e a ser mais conservadores do ponto de vista sexual.

As primeiras escolas católicas na América foram fundadas por ordens religiosas para alfabetizar e ensinar a religião aos jovens, mas também para selecionar candidatos para o seminário. As paróquias tomaram para si a responsabilidade de fundar escolas católicas nos anos 1800 quando os imigrantes católicos se espalharam pelas cidades americanas. As escolas paroquiais católicas permaneceram sob o controle da Igreja e nunca obtiveram pleno acesso ao financiamento público.

A Igreja considera a educação católica como um instrumento importante para o estabelecimento de uma base moral para os jovens. A educação religiosa e as lições sobre a aplicação da fé e da moralidade católica na vida diária são partes importantes do currículo. Ao mesmo tempo há uma ênfase no alto nível acadêmico; muitos alunos continuam a sua educação em faculdades e universidades.

As primeiras universidades católicas na Europa funcionavam por concessão direta do papa, entre elas a Universidade de Paris, a Oxford University, a Universidade de Bolonha. Nos séculos XI e XII, grupos de acadêmicos ou do clero nas grande cidades se reuniam para trocar idéias. No século XIII, esses centros de estudo obtinham concessões papai ou reais, assim tanto as autoridades civis quanto religiosas desempenharam um papel importante na fundação das grandes universidades. Esses centros de estudos ministravam cursos de direito, artes e filosofia, medicina e teologia.

No Novo Mundo, as primeiras faculdades católicas foram estabelecidas como uma maneira de instruir padres e freiras nas suas vocações. No entanto, depois de 1900, a educação de nível superior começou a ganhar impulso quando os católicos começaram a reconhecer a importância que a educação tinha para encorajar a mobilidade social para posições mais elevadas. As faculdades e universidades católicas foram criadas para competir com as instituições seculares e protestantes e para continuar a obra das escolas paroquiais na formação de jovens de ambos os sexos como "cidadãos para a cidade de Deus". As faculdades ficavam sob o controle das ordens religiosas e o seu pessoal profissional era composto por padres e freiras. O método de ensino era conservador, enfatizando a doutrina católica e limitando as oportunidades para as mulheres ao magistério, à enfermagem, à assistência social e à economia doméstica.

Depois da Segunda Guerra Mundial, muitos rapazes conseguiram entrar para as universidades como compensação pelo serviço militar. Esses ex-soldados estavam interessados em melhorar as suas perspectivas profissionais. Pressionadas a oferecer educação superior, as faculdades e universidades católicas melhoraram a qualidade da educação católica e contrataram professores leigos para ministrar disciplinas nas áreas de ciência e tecnologia.

Durante a década de 1960, as universidades e faculdades tornaram-se incorporações separadas. Rompeu-se o rígido controle da Igreja e quadros independentes começaram a fundar instituições.

Um ambiente mais secular deixou os câmpus em dificuldades com problemas seculares — tais como a quem contratar e se a fé católica seria um pré-requisito; como melhorar as oportunidades para grupos minoritários; e como controlar a liberdade acadêmica. Muitos professores leigos que entraram para essas instituições presumiam o direito à liberdade acadêmica. Ainda assim, os professores que falavam livremente, em especial sobre assuntos como contracepção e aborto, encontraram-se em curso de colisão com o Vaticano.

O Vaticano tomou providências para recuperar algum tipo de controle, exigindo que os professores que ministrassem estudos teológicos fossem indicados sob a aprovação dos bispos locais. O documento de 1990 do papa João Paulo II sobre o relacionamento entre as universidades e a Igreja, o *Ex Corde Ecclesiae*, renovou essa exigência mas deixou irresolvida essa tensão entre a comunidade acadêmica e o Vaticano.

Muitos dos alunos que afluíam para as universidades católicas ao longo da década de 1970 atualmente são alunos afluentes e podem apoiar as escolas em que estudaram. Os Estados Unidos atualmente têm 238 faculdades e universidades católicas, que oferecem educação de nível superior para mais de 600 mil alunos. No Brasil também existem várias universidades católicas, entre elas a Pontifícia Universidade Católica de São Paulo, a Pontifícia Universidade Católica do Rio Grande do Sul e a Pontifícia Universidade Católica de Minas Gerais, entre outras.

98

A PARTICIPAÇÃO LAICA E A QUESTÃO DA ORDENAÇÃO DE MULHERES

Os leigos de ambos os sexos assumem tarefas cada vez mais sofisticadas dentro da Igreja, incluindo aquelas que tradicionalmente eram executadas pelos padres e integrantes das ordens religiosas. Desde que os integrantes mais velhos das ordens religiosas começaram a se aposentar e cada vez menos homens e mulheres buscam a vida de monges ou freiras, a classe leiga vem preenchendo cada vez mais esse vazio.

Na liturgia, os leigos assumem o papel de cantores, diretores musicais, leitores, auxiliares de altar e ministros eucarísticos. Alguns chegam mesmo a conduzir o culto dominical na ausência do padre. Eles ensinam jovens e adultos e participam da organização de casamentos, do ministério junto a católicos divorciados ou separados e programas de assistência em caso de luto. Alguns estão envolvidos com instituições de caridade católicas, redes de relacionamentos em prol da paz e da justiça, distribuição de sopa, abrigos e asilos. Eles trabalham em instituições católicas de saúde e assistência social. Geralmente, essa classe de leigos responde a uma vocação para servir a Cristo e à Igreja e para aplicar em sua vida a mensagem cristã. Embora alguns católicos tenham se recusado a receber a Eucaristia de um leigo ou receber uma visita pastoral de alguém que não seja um padre, a maioria aceita essas práticas.

Apesar desses avanços, a classe leiga não tem permissão para consagrar a hóstia nem administrar os sacramentos. Essas tarefas continuam sendo reservadas apenas aos ministros ordenados. Em alguns casos, o envolvimento laico nos processos de tomada de decisão da paróquia também se restringe ao padre paroquial, ao bispo local ou até mesmo aos funcionários da Igreja em nível nacional.

Na Europa e nas Américas, onde as mulheres católicas vêem outras igrejas cristãs aceitarem o ministério feminino, o fato de as mulheres não poderem ser ordenadas é um dos pontos mais significativos de desentendimento. Os católicos dessas partes do mundo estão alarmados com a escassez de rapazes dispostos a se educar para o sacerdócio. Muitas mulheres estão querendo assumir o ministério, e algumas até se tornam mais dedicadas do que os padres.

As mulheres desempenharam importantes papéis em todo o início da história da Igreja, como mártires da fé cristã, santas e integrantes de ordens religiosas. No entanto, parece que perderam as suas posições de liderança na Igreja por volta do século VI A.D.

As mulheres começaram a reivindicar uma participação de maior destaque na Igreja na década de 1960. Em 1976, a Comissão Bíblica Pontifícia relatou que poderia encontrar sustentação nas evidências bíblicas para a exclusão das mulheres da ordenação sacerdotal. No entanto, tanto o papa quanto os bispos americanos escreveram cartas dizendo que a ordenação de mulheres não se justifica, e a questão continua a ser debatida.

A Igreja tem, contudo, mudado o seu ponto de vista com relação às mulheres e as suas funções. As mulheres são consideradas em pé de igualdade com os homens em termos de dignidade humana e não são mais subservientes aos homens, nem se espera que obedeçam à autoridade masculina. Em 1995, o papa João Paulo II disse que havia uma necessidade urgente de estabelecer a igualdade em todos os setores, e em seguida escreveu que o processo de liberação das mulheres tinha sido substancialmente positivo.

Como ministras leigas, as mulheres vêm assumindo tarefas que eram antes limitadas aos homens, incluindo tudo, desde servir como leitoras e ministras eucarísticas até dirigir escolas e organizações de caridade católicas. A teologia feminista atualmente é parte integrante do currículo da academia católica e as mulheres podem até mesmo ensinar nos seminários. As mulheres teólogas reexaminam as Escrituras com idéias novas, refletindo sobre como o próprio Jesus tratava as mulheres com grande respeito e compaixão e rejeitava o papel limitado, subserviente, das mulheres, que era a norma nos Seus dias.

Entretanto, uma vez que a hierarquia retira a autoridade delas de ser descendentes espirituais dos Apóstolos, a Igreja sustenta que, a exemplo dos Apóstolos, o clero deve ser masculino. O contra-argumento é que Cristo não ordenou ninguém como padre, nem homem nem mulher. Além disso, Ele contou com muitas mulheres entre os Seus seguidores; depois da Ressurreição, Ele apareceu primeiro para Maria Madalena.

Muitos católicos dizem que os padres sofrem na sua compreensão do mundo por serem impedidos de relacionamentos íntimos com as mulheres. Os padres não podem se casar, são instruídos separados das mulheres e trabalham principalmente com outros padres. Embora muitos padres paroquiais desenvolvam uma compreensão dos problemas da vida das mulheres pelo ministério junto a mulheres dentro da congregação, os que sobem mais na Igreja ficam muito mais isolados, uma condição que alguns dizem levar à condescendência e a atitudes antifeministas.

A hierarquia exclusivamente masculina da Igreja faz com que as decisões sejam tomadas sem nenhuma discussão do ponto de vista feminino, e isso tende a atuar contra a ordenação das mulheres. A determinação do Vaticano II de que a Igreja deveria se tornar o povo de Deus como um todo está contribuindo para pressionar em favor de uma nova compreensão. Se as pessoas são a Igreja, elas podem ser capazes de efetuar uma mudança, contanto que continuem a buscar o ministério entre as mulheres. Se Cristo convoca a todos a usar as suas habilidades para servir à Igreja, então as mulheres devem atender a esse chamado tão fervorosamente quanto os homens.

99

A CONVOCAÇÃO A UMA ADMINISTRAÇÃO RESPONSÁVEL

A Igreja ensina que Deus criou e organizou o universo e, uma vez que ele surgiu da Sua bondade, então era bom. Portanto, os seres humanos são inclinados a respeitar e defender a bondade da criação, incluindo o mundo material no qual vivem. Deus confiou aos seres humanos o domínio sobre a Terra. Em troca, os seres humanos devem concluir a obra da criação e aperfeiçoá-la pelo bem de todos.

Os católicos acreditam que Deus espera que a humanidade exercite uma administração sobre a Terra. Como a criação mais superior de Deus, os seres humanos têm a responsabilidade de usar o seu conhecimento para preservar e proteger o ambiente e as criaturas que o habitam. Tanto a Santa Sé quanto a Conferência Americana dos Bispos Católicos têm exercido pressão por ações em resposta ao aquecimento global e têm insistido com os governos para adotar modelos de desenvolvimento sustentável. Na América do Norte, a Igreja introduziu um programa de bolsas de "justiça ambiental" que oferece dinheiro para educação, pesquisas e atividades ambientais. A postura dos ambientalistas da Igreja está vinculada ao seu apoio para os países em desenvolvimento, uma vez que o seu crescimento gira em torno de uma divisão justa dos recursos da Terra.

Também está começando um movimento leigo voltado para ações individuais de preservação do ambiente. Esse movimento insiste que os católicos vivam com respeito pelo resto da criação, praticando o cultivo orgânico de plantas, a redução do uso do automóvel e a redução consciente do consumo de bens materiais.

O Catecismo católico enfatiza a interdependência de todas as coisas como parte do plano de Deus. Cada planta e animal têm a sua bondade e perfeição peculiares e devem ser respeitados como uma obra da criação. O uso da criação para a nossa própria subsistência é parte do papel da humanidade, mas cada árvore, planta e animal devem ser tratados com um bom discernimento e de maneira a não levar o ambiente à desordem.

∽ 100 ∽
Promovendo os direitos humanos e os valores caridosos

A Igreja Católica ensina que "a dignidade da pessoa humana é estabelecida na sua criação à imagem e semelhança de Deus" (do Catecismo da Igreja Católica, 1997). A caridade é uma virtude que dispõe as pessoas a amar a Deus sobre todas as coisas e a considerar os seus semelhantes como parte desse amor. Ela une as pessoas na comunidade e é meritória da vida eterna.

De acordo com o pronunciamento de Jesus, cada boa ação feita em benefício de outra pessoa também é feita por Cristo. Isso porque a pessoa em necessidade é um filho de Deus.

A Igreja chama essa atenção com relação aos outros de "vocação para a beatitude", e ela é um dever de todas as pessoas católicas. (A vocação é um "chamado", e os católicos são chamados a ajudar os outros.) O catecismo explica que as Beatitudes retratam a caridade de Cristo (veja o Número 7). Maravilhosas e paradoxais, as Beatitudes são preceitos destinados a confortar as pessoas que crêem e inspirá-las a praticar a caridade pelos humildes, os pobres, os famintos e os desafortunados, por quem Cristo falou com tanta eloqüência no Seu Sermão da Montanha.

A obrigação de doar aos outros é estabelecida na mensagem dos Evangelhos. Jesus nos diz para tratar o próximo como nós mesmos gostaríamos de ser tratados. A Igreja tem em mente essa mensagem quando age para influenciar em foros políticos, quando publica encíclicas e envia as suas missões de caridade para trabalhar no mundo. Ela busca a unidade da humanidade por meio tanto da união do espírito quanto do cultivo da igualdade de todas as pessoas.

O próprio distanciamento de Jesus da riqueza e dos bens materiais e o Seu amor pelos pobres são temas importantes na vida cristã. O papa João Paulo II costumava criticar a cultura americana, dizendo que ela coloca os lucros financeiros acima dos outros valores. Ainda assim, a vontade de ser bem-sucedido financeiramente e construir uma vida melhor para a família é um elemento básico da vida americana. Isso propõe um dilema ético para os católicos nas empresas. Em muitas circunstâncias, uma empresa pode funcionar de uma maneira que seja legalmente certa mas moralmente questionável. Entretanto, as organizações comerciais como a Legatus (uma organização internacional para pessoas católicas inaugurada em Detroit); a Business Leaders for Excelence, Ethics, and Judgment, de Chicago; e a Civitas Dei, de Indianápolis, estão dando a sua contribuição sobre o exercício da fé no local de trabalho.

A teologia da libertação, criada na década de 1970 por um grupo de clérigos latino-americanos, vê a Palavra de Deus mediada pelos pobres e oprimidos. Apenas pela participação nas lutas dessas pessoas os cristãos podem realmente compreender a mensagem dos Evangelhos. Essa teologia, que busca diminuir a lacuna entre os ricos e os pobres, foi adotada por muitos padres da América Latina e levou ao seu apoio a movimentos sindicais, lutas políticas e protestos em favor dos pobres.

No Brasil, surgiram as Comunidades Eclesias de Base (CEBs), grupos formados por leigos sob a influência da teoria da libertação. As CEBs vinculam o compromisso cristão à luta por justiça social e participam ativamente da vida política do país. A partir da década de 80, os movimentos mais ligados à teoria da libertação cedem espaço à proposta conservadora da Renovação Carismática, que retoma valores e conceitos esquecidos pelo racionalismo social da teoria da libertação.

Embora nem todos os padres da América Latina concordem com a teologia da libertação, alguns adotam posturas mais radicais, apesar das ameaças e dos perigos. Muitos se tornaram vítimas de esquadrões da morte da direita, incluindo Oscar Romero, arcebispo de El Salvador. Essas pessoas de coragem não morreram em vão; a sua morte ajudou a galvanizar o apoio entre os católicos interessados nos direitos humanos em todo o mundo.

Hoje em dia, existem muitas instituições de caridade dedicadas à pacificação, tanto internacionalmente quanto no interior de comunidades específicas. A Development and Peace, uma organização católica internacional, trabalha nas regiões devastadas pela guerra como o Afeganistão, o Timor Leste e o Congo. Os bispos americanos publicaram um Chamado à Solidariedade com a África para concentrar a atenção sobre os problemas do continente e também fizeram declarações sobre a violência entre israelenses e palestinos. A Campanha Católica pelo Desenvolvimento Humano está conduzindo uma campanha de conscientização sobre a pobreza nos Estados Unidos. A Conferência Nacional de Bispos do Brasil também participa de várias campanhas humanitárias, como a SOS Haiti-República Dominicana, e a favor da paz, como a Campanha de Desarmamento.

A Igreja também se mantém atenta às descobertas científicas por meio da sua comissão sobre Ciência e Valores Humanos, que identifica setores em que a discussão ética é necessária para melhorar o bem comum. A comissão entra no diálogo com os cientistas para compreender os novos avanços e isolar questões éticas, e tem publicado declarações sobre assuntos como população mundial, experimentos genéticos, mapeamento genético, morte e manutenção artificial da vida, clonagem, pesquisas com células-tronco, modificação genética das plantas, evolução e a relação entre cérebro, mente e espírito.

A Santa Sé tem um representante em Washington, D.C., e nas Nações Unidas em Nova York. Os bispos americanos assumem posturas de destaque sobre as questões públicas e fazem apresentações às comissões governamentais sobre temas tão diversificados quanto tecnologia reprodutiva, economia, ambiente e corrida armamentista. Embora a oposição da Igreja quanto à escolha reprodutiva leve à sua posição contra a legislação para aumentar a igualdade das mulheres, incluindo a emenda à Constituição americana sobre a igualdade de direitos, Equal Rights Amendment, as organizações laicas católicas não hesitaram em pressionar em favor da causa feminista e de outras causas liberais. As organizações laicas representam uma série de opiniões políticas e atuam em um espectro de questões mais amplo que os bispos. Essas organizações lutam em favor de causas como os direitos de homossexuais, o movimento pela paz, pela igualdade racial, pela justiça social e pelo desenvolvimento internacional.

Finalmente, qualquer que seja o curso de ação tomado, os católicos são chamados a dedicar tempo e dinheiro a causas que melhoram o mundo e a vida dos que o habitam. As boas ações não são apenas uma exigência da vida católica e um caminho para a unidade com Jesus, elas também oferecem a oportunidade de trabalhar pela justiça e a igualdade no cenário político.

101

O DIÁLOGO COM OUTRAS RELIGIÕES

O Decreto sobre o Ecumenismo, aprovado pelo Vaticano II, incentiva a todos os cristãos de todas as congregações a nutrir entre si uma generosidade fraternal. Por causa do Vaticano II, a Igreja começou um movimento na direção do diálogo ecumênico e uma maior compreensão entre os católicos e as pessoas que praticam outras religiões. Embora continue a afirmar que é a única religião verdadeira, a Igreja também reconhece que Deus pode distribuir a Sua graça entre as outras pessoas do mundo que não aceitaram ainda as verdades do catolicismo.

O mesmo Evangelho de Jesus Cristo une todos os cristãos. A Igreja compartilha já muitos valores e sacramentos com outras religiões cristãs. Ela está disposta a trabalhar com os outros cristãos em questões de justiça social e moralidade, e na difusão da mensagem evangélica, e tem mantido discussões em profundidade sobre textos sagrados, salvação, santificação e a Eucaristia. Algumas dessas discussões, a exemplo do diálogo com a Igreja Anglicana, resultaram em muitos interesses comuns. Com algumas outras crenças, tal como os Batistas do Sul, há setores mais amplos de discordância, mas o diálogo tem resultado em uma compreensão das posições de ambos os lados.

Um diálogo em 1991 do Conselho Mundial das Igrejas resultou em documento delineando áreas de acordo sobre a Eucaristia. A meta final é chegar a uma compreensão de como partilhar uma comunhão conjunta, incluindo participar da Eucaristia juntos.

A Igreja acredita que a unidade será consumada por meio da oração, da discussão e de uma nova compreensão entre as igrejas cristãs. Quase todas as igrejas cristãs estão, realmente, participando desse movimento para o ecumenismo. Na prática, elas têm se unido em torno de instituições de caridade cristãs e de movimentos pela paz e a justiça social para trabalhar por uma causa comum. No entanto, ainda há um longo caminho a trilhar até o tempo em que todos os cristãos possam compartilhar a comunhão.

A Igreja acredita também que se deve mostrar respeito e amor pelos não-cristãos e as suas crenças. As pessoas que servem a um Deus, como os muçulmanos e judeus, têm muito em comum com os cristãos. Com o budismo e o hinduísmo, os cristãos podem aprender técnicas de meditação e outros conhecimentos que os aproximarão ainda mais de Deus. A Igreja institucional tem estabelecido diálogos oficiais com os líderes dessas religiões e até mesmo tem intenção de conversar também com os descrentes.

Cronologia dos principais acontecimentos: hinduísmo, judaísmo, cristianismo, budismo e islamismo

c. 1500-1200 A.C.: Escritos os hinos do Rig-Veda.
c. 1300-1200 A.C.: Vedantismo.
c. 1230-1240 A.C.: Moisés lidera os israelitas em fuga da escravidão.
1077-1037 A.C.: Rei Davi governa Israel.
1027-997 A.C.: Rei Salomão governa Israel.
c. 925 A.C.: Israel divide-se em dois estados: Israel e Judá.
858 A.C.: Elias torna-se um profeta de Deus.
C. 850-750 A.C.: Bramanismo.
739 A.C.: Isaías é um profeta de Deus.
722 A.C.: Queda de Israel perante a Assíria.
C. 720 A.C.: São escritos os Brâmanas.
C. 700 A.C.: Época dos shramanas (peregrinos religiosos).
C. 600 A.C.: São escritos os Aranyakas.
596 A.C.: Queda de Judá perante a Babilônia.
528 A.C.: Judeus retornam do cativeiro na Babilônia.
C. 560-480 A.C.: A vida de Buda (Sidarta Gautama).
C. 509 A.C.: Israel e Judá caem sob o controle do Império Romano.
C. 500 A.C.: Hinduísmo.
C. 479 A.C.: Primeiro Concílio resulta em quatro facções budistas.
C. 469 A.C.: Existem aproximadamente dezesseis facções budistas.
C. 390 A.C.: Segundo Concílio Budista declara a minoria ortodoxa (hinayana) e maioria herética (mahaiana).
C. 300 A.C.: São escritos os Tantras.
C. 300 A.C.: O budismo chega ao Sri Lanka.
300 A.C.-30 A.D.: Época dos saduceus, essênios, samaritanos, zelotas e fariseus (precursores do judaísmo rabínico).
297 A.C.: O rei Asoka converte-se ao budismo; o budismo transforma-se de um grupo pequeno em uma importante religião mundial, depois que Asoka envia missionários.
247 A.C.: Asoka convoca o Terceiro Concílio para definir as autênticas escrituras budistas.
200 A.C.-200 A.D.: Desenvolvimento do budismo hinayana.
C. 50 A.C.: O budismo chega à China: desenvolve-se a tradição mahaiana.
37 A.C.: Herodes captura Jerusalém.
4 A.C.-30 A.D.: Vida de Jesus (ele começa o seu ministério em 27 A.D.).
30 A.D.: Pentecostes: o nascimento da Igreja Cristã.
30-600: O início da Igreja Cristã.
35: Conversão de Saul, que se torna são Paulo.
35-312: Época dos mártires.
42: Antioquia é o centro da atividade cristã.
C. 50: Vaishnavismo.
C. 64: Pedro e Paulo são martirizados em Roma.
69: O bispo Inácio é consagrado em Antioquia (são Pedro foi o primeiro bispo lá; entre os outros primeiros bispos de Antioquia incluem-se Tiago, Policarpo e Clemente).
C. 70: Saivismo.
70: Destruição do Templo de Jerusalém.
66-73: Primeira Guerra Judaica contra Roma.
C 70-110: São escritos os Evangelhos do Novo Testamento.
99: Morte de são Clemente, primeiro bispo de Roma e sucessor de são Pedro.

c. 100: Composição do Bhagavad-Gita.
100-200: Existem pelo menos 500 seitas budistas.
150: São Justino Mártir descreve o culto litúrgico da Igreja, centrado na Eucaristia.
132-135: Segunda Guerra Judaica.
c. 200: Compiladas as leis de Manu.
200-300: Desenvolvimento do budismo mahaiana.
300: O budismo chega ao Japão.
313: Constantino, imperador de Roma, adota o cristianismo; o Édito de Milão detém a perseguição aos cristãos (Constantino só foi batizado pouco antes da morte, muitos anos depois).
320-600: Desenvolve-se o budismo vajrayana.
325: É criado o Credo Niceno no Concílio dos Bispos em Nicéia (o primeiro dos sete Concílios Ecumênicos).
330: Fundação de Constantinopla.
354-430: Vida de santo Agostinho de Hipona.
381: Primeiro Concílio de Constantinopla; o imperador Teodósio declara o cristianismo a religião oficial do Império Romano.
387-493: Vida de são Patrício.
397: Bispos formalizam em Cartago o Novo Testamento.
400: Finalização do Talmude de Jerusalém.
400-600: Ascensão das seitas da Terra Pura na China.
410: Queda de Roma.
451: O Concílio da Calcedônia afirma a doutrina apostólica da natureza dual de Cristo.
c. 480-547: Vida de são Benedito, fundador da Ordem Beneditina.
480: Bodhidharma vai à China como missionário budista.
c. 500: Estabelecida a tradição tântrica hindu.

530: Fundação da Ordem Beneditina; o Regulamento Beneditino da vida monástica serviu como a primeira constituição para a vida monástica e deu origem a outras ordens monásticas católicas subseqüentes.
538-597: Vida de Zhi-yi (fundador do tendai, ramo do budismo mahaiana).
c. 550: Desenvolve-se a escola do budismo tendai.
c. 553: Segundo Concílio de Constantinopla.
570-632: Vida de Maomé.
447: Um sínodo em Toledo, Espanha, acrescenta ao Credo Niceno a cláusula Filioque, segundo a qual o Espírito Santo procede do Pai e do Filho.
590-604: Papa Gregório I.
c. 600: Início do movimento Bhakti.
c. 600-700: Desenvolvem-se as ramificações shiah e sufi.
600-1300: Domínio papal.
638: Os muçulmanos conquistam Jerusalém.
c. 640: O budismo espalha-se pelo Tibete.
c. 650: Desenvolve-se a tradição tantraiana, uma reinterpretação radical do budismo mahaiana.
c. 650-750: Escolas nara de budismo desenvolvem-se no Japão.
691: A Abóbada da Rocha é construída em Jerusalém.
c. 700: A escola tendai do budismo se desenvolve no Japão.
711: Os muçulmanos começam a conquistar a Espanha.
732: Carlos Martel detém o avanço árabe próximo a Poitiers.
749: Primeiro mosteiro budista é estabelecido no Tibete.
c. 750: Desenvolvimento do judaísmo sefardi.

787: Segundo Concílio de Nicéia, encerrando a época dos Concílios Ecumênicos — restaura o uso de ícones pela Igreja.
800-1806: Sacro Império Romano.
880: Cisma Photico entre Roma e Constantinopla.
c. 900-1300: Segundo renascimento do budismo no Tibete.
c. 950-1000: Concluída a conversão da Europa ao cristianismo.
988: Conversão da Rússia.
c. 1000: Desenvolve-se a ramificação sunita do islamismo.
c. 1000s: Reforma da tradição tântrica.
c. 1000-1200: A índia encontra o islamismo; iconoclasmo.
1054: Grande Cisma: a Igreja se divide em Católica Romana e Ortodoxa Oriental.
1071: Batalha de Manzikert.
1073: O papa Gregório VII centraliza o controle da Igreja com uma nova teoria sobre a superioridade papal.
1095-1254: As Cruzadas.
c. 1150: Desenvolve-se o judaísmo asquenaze.
c. 1150: Desenvolve-se o zen-budismo no Japão.
c. 1200s: Desenvolvem-se no Japão as seitas da Terra Pura, nichiren e zen.
c. 1200s: Declínio do budismo no norte da Índia.
1204: Saque de Constantinopla.
1212: São Francisco cria a primeira das ordens mendicantes, os franciscanos. As ordens dos dominicanos, carmelitas e agostinianos também surgem nos anos 1200.
1224-1247: Vida de santo Tomás de Aquino.
1231-1834: As Inquisições.
c. 1250: Desenvolve-se no Japão o budismo nichiren.
1291: Os muçulmanos tomam Acre.
1333: São Gregório Palamas defende a prática ortodoxa da espiritualidade hesicasma (uma forma de monasticismo oriental) e o uso da oração de Jesus.
1350-1700: Renascença européia.
1377-1407: Grande Cisma Papal (luta entre Roma e Avignon).
1391-1475: Vida de Dge-'Dun-Grub, o primeiro Dalai Lama.
c. 1400s: Declínio do budismo no sudeste da Índia.
1469-c. 1539: Vida de Nanak, líder religioso indiano que rompeu com o hinduísmo ortodoxo e fundou o siquismo.
1453: Os muçulmanos tomam Constantinopla; fim do Império Bizantino.
1483-1546: Vida de Martinho Lutero.
1492: Queda de Granada.
c. 1500s: Os muçulmanos influenciam o hinduísmo.
1509-64: Vida de João Calvino.
1517: Martinho Lutero prega as suas 96 Teses na porta da Igreja Romana em Wittenberg.
1517-1648: Reforma protestante.
c. 1523: Desenvolve-se a igreja luterana*.
c. 1525: Anabatistas (levam aos menonitas e huteritas).
1529: Igreja da Inglaterra começa a separação de Roma.
c. 1534: Episcopalismo: Ato da Supremacia de Henrique VIII.
c. 1536: Calvinismo.
1540: Formação dos jesuítas.
1542-1648: Contra-reforma católica.
1544: Trabalho missionário jesuíta começa no Japão, na África e na América do Sul e do Norte.
1545-63: Concílio Católico Romano de Trento.
1559: João Calvino envia missionários por toda a Europa para converter católicos à nova fé do protestantismo.

c. **1560:** Presbiterianismo.
c. **1564:** Puritanismo.
1566: O papa Pio V padroniza a Missa latina.
c. **1600:** Siquismo.
c. **1609:** Batistas.
1627-82: Reino de Ngag-Dbang-Blo-Bzang Rgya-Mtsho, o "Grande Quinto" Dalai Lama.
c. **1647:** Quacres.
1697-1790: O Iluminismo.
1700-60: Vida de Yisra'El Ben Eli'ezer.
c. **1700:** Desenvolve-se o judaísmo chassídico.
c. **1700:** Khalsa.
1709-91: Vida de John Wesley.
c. **1738:** Metodistas.
1760-1914: A Revolução Industrial.
1782: Primeira publicação de *Philokalia*, um clássico da espiritualidade.
c. **1784:** Shakers ("Igreja do Milênio").
1789: Protestantismo episcopal (EUA)
1794: Introdução da Ortodoxia na América do Norte, quando os missionários chegam à ilha de Kodiak, no Alasca.
c. **1830:** *Livro de Mórmon*, de John Smith.
1832: Igreja de Cristo.
1845-48: Guerras siques.
c. **1849:** Adventistas.
1854: Dogma católico romano da Imaculada Conceição.
1863: Bahaísmo.
1863: Adventistas do Sétimo Dia.
1869-70: Primeiro Concílio Vaticano; dogma católico romano da infalibilidade papal.
1869-72: São Nicolau estabelece a missão japonesa.
1869-1948: Vida de Mohandas Ghandi.
1870: Testemunhas de Jeová.

1892: Igreja de Cristo Cientista.
1897: Movimento sionista.
1901: Igreja pentecostal.
1920s: Ataque do comunismo soviético sobre o budismo na Mongólia.
1930: Nação do Islã (EUA).
1932: Estabelecimento da Arábia Saudita.
1933-45: O Holocausto
1945: Biblioteca de Nag Hammadi é descoberta no Egito.
1948: Estabelecido o Estado de Israel.
1950: Ataque do comunismo chinês ao budismo.
1952: Criação da Conferência Nacional dos Bispos do Brasil.
1952: Formada a Sociedade Mundial dos Budistas.
1962-65: Segundo Concílio Vaticano
1988: Mil anos de ortodoxia na Rússia.
1989: Primeira mulher ordenada em igreja episcopal.
2000: Jubileu Católico Romano.

*Observação: As ramificações do protestantismo mencionadas nesta cronologia de maneira nenhuma pretendem ser uma representação abrangente de todas as denominações protestantes. Essas denominações pretendem compor um quadro bem amplo de alguns grupos protestantes, dos quais derivam muitas outras denominações.
Fontes: *The World Almanac,* 1988; *Encyclopedia Britannica, 15ª Edição,* 1993; *The World's Religions,* Smart, 1998; *Illustrated Guide to World Religions,* Coogan, 1998; *World Religions from Ancient History to Present,* Parrinder, 1985; Imprensa Conciliar, 1998; *Catholic Bible Apologetics, 1985-1997, Almanaque Abril,* 2002.